THAILAND

Erste Seite:
Ein Land wie aus einer anderen Zeit – oder aus einem beinahe vergessenen Traum: Der „Nagelberg" in der Phang-Nga-Bucht.

Wat Phra That Luang bei Lampang zählt zu den schönsten Tempelanlagen des Landes. Der Legende nach wurde der Wat kurz nach Buddhas Geburt gegründet. Die ältesten Teile der Anlage stammen allerdings erst aus dem 15. Jahrhundert.

MIT BILDERN
VON MARTIN SASSE
UND TEXTEN
VON STEFAN NINK

PEPSI

INHALT THAILAND

Seite 8/9:
Wer hier handelt, muss nicht nur feilschen können – sondern sein Boot auch auf den Millimeter genau zu manövrieren wissen: schwimmender Markt bei Damnoen Saduak.

Seite 12/13:
Und jetzt: Eintauchen! In das kristallklare Wasser, wie hier auf Ko Nang Yuan. Und in dieses Buch, was genauso schön ist. Beinahe zumindest.

Seite 14/15:
Agrarland Thailand: Der Reisanbau bildet noch immer das Rückgrat der Landwirtschaft; Erzeugnisse wie Kohl oder Bananen sind Nischenprodukte. Weil viele landwirtschaftliche Produkte nach wie vor mit dem Ochsenkarren transportiert werden, gilt der Grundsatz: Was in der Provinz angebaut wird, wird auch in der Provinz gegessen.

THAILAND – EIN GESCHENK DER GÖTTER

Nein, noch nicht: Es soll jetzt noch nicht hell werden. Noch ein paar Minuten Dunkelheit bitte. Noch ein bisschen Zeit zum Verarbeiten, bevor es los geht. Wie eine Daunendecke liegt die Nacht über dem Land. Die Palmen rascheln träge im Wind; irgendwo zwischen ihre Blättern plustern sich die Vögel kurz, bevor sie beschließen, noch ein paar Minuten weiterzuschlafen. Diese Pause zwischen frühem Jetlag-Wachwerden und Tagesanbruch, diese Minuten, in denen die Welt bedächtig aus- und einzuatmen scheint und Thailand mehr Ahnung als Realität ist: Die braucht man an den ersten Tagen nach der Ankunft. Die tut gut. Die hilft einem. In der kann man sich einstellen auf dieses fremde Land.

Die kristallklaren Gewässer rund um die Insel Ko Tao gelten als Paradies für Taucher. Wegen seiner Form erhielt das rund 20 Quadratkilometer große Eiland den Beinamen „Schildkröteninsel".

Gleich wird sich das Wasser da draußen färben, und dieses Land wird seinen üblichen Frontalangriff auf die Sinne starten. Dann werden Millionen Vögel Thailand in den neuen Tag hinein zwitschern, werden die Blumen ihre Kelche öffnen und ihren Duft verströmen, wird das Meer glitzern, als habe es soeben jemand mit einer Schicht Goldlack versiegelt. Gleich. Noch nicht.

Dieses Land ist ein Geschenk der Götter an die Menschen. Ein Land, wie es kein zweites auf der Welt gibt, gesegnet mit tropischem Klima und bezaubernder Natur, mit kristallklarem Wasser und goldgelben Stränden. Ein Land mit reichen Kulturschätzen und einer tief in ihm verwurzelten Religion, die seine Bewohner seit mindestens 700 Jahren prägt und sie mit Herzen weit wie die andamanische See ausstattet. Ein Land, das die Vergangenheit hegt, in der Gegenwart lebt und an die Zukunft glaubt. Aber auch ein Land, das ein wenig zerrissen ist zwischen eigener Tradition und der westlichen Welt, die vehement auf es einstürmt. Und deshalb auch eines, das sich irgendwann darüber klar werden muss, wie viele Besucher es verkraften kann, ohne zu viel von sich selbst opfern zu müssen.

Thailand, die Fakten: 511 000 Quadratkilometer groß, 3000 Kilometer Küste, mehrere hundert Inseln. Die Umrisse des Landes erinnern (seine Bewohner zumindest) an einen Elefantenkopf im geneigten Profil: Bangkok das Auge, die Ostküste das Kinn, der in die Länge gezogene Süden im Meer der Rüssel. Thailand hat 62 Millionen Einwohner, seine zentrale Lage hat es schon früh zum Durchmarschgebiet sämtlicher Völker und Volksgruppen in diesem Teil Asiens gemacht. Die einen gingen, die anderen kamen, die einen wurden vertrieben, die anderen siedelten neu. Vor allem im Norden, im Bergland und an den Grenzen zu Laos und Burma, ist so im Laufe der Zeit ein verwirrendes ethnisches Mosaik entstanden. 95 Prozent der Einwohner Thailands sind Buddhisten. Im Süden lebt eine beträchtliche muslimische Minderheit.

IM WANDEL DER ZEIT

„Nichts ist von Dauer", das gilt nicht nur als Essenz des Buddhismus, sondern auch als Zustandsbeschreibung für Thailand. Viel ist passiert

Oben:
Zeitsprung: An Transport und Beförderung auf dem Land hat sich seit Ewigkeiten nichts geändert.

in den vergangenen zehn, zwanzig Jahren. Aus verschlafenen Küstenorten sind pulsierende Touristenzentren geworden, aus Hippierefugien wie Ko Samui Ferieninseln für die ganze Familie, aus dem lange der Gegenwart hinterherhechelnden Bangkok längst eine moderne Metropole. An der Westküste haben sich Orte und Inseln wie Ko Phi Phi oder Khao Lak nach dem apokalyptischen Tsunami des zweiten Weihnachtstags 2004 wieder aufgebaut und es oft geschafft, die Bausünden der Vergangenheit beim Neuanfang zu vermeiden. „Nicht mehr wiederzuerkennen", denkt man anfangs, aber dann sitzt man irgendwo auf dem Chao Praya in einem Boot, lässt sich das Wasser ins Gesicht spritzen und das Haar vom Fahrtwind zausen und weiß plötzlich, dass Thailand natürlich immer noch Thailand ist. Und eine Flussfahrt im Landesinnern immer noch wie eine Reise zurück in der Zeit. Holzhäuser kauern zwischen Palmen und Büschen, Kinder plantschen im Wasser. Überall wird gewaschen, überall wird gewunken. Die Prise vom Ufer riecht, als sei sie durch eine Küche geweht und hätte anschließend den Duft von Hibiskus und Jasminblüten mitgenommen.

Reiserouten? Ach wo. Wer klug ist, nimmt sich ein paar Highlights vor und lässt sich ansonsten treiben. Thailands Infrastruktur ist die beste in

Unten rechts:
Die „Brücke am River Kwai". Einzelne Abschnitte der geplanten Eisenbahnverbindung nach Burma, die japanische Militärs von alliierten Kriegsgefangenen durch den thailändischen Dschungel bauen ließen, sind noch heute zu sehen; einige Brücken wurden rekonstruiert. Bei den Bauarbeiten starben 393 Menschen pro Schienenkilometer. Die Strecke wurde nie in Betrieb genommen.

ganz Südostasien; wer von einem Ort zum anderen möchte, kann sich aussuchen, ob er Flugzeug, Zug, Mietwagen, Bus oder Taxi nimmt. Unvorhergesehenen Hindernissen und Wendungen seiner Reisepläne begegnet man am besten mit einem typisch thailändischen „mai pen rei". Das bedeutet so viel wie „macht nichts" und deutet auf jene tiefe innere Gelassenheit (manche würden auch sagen: Schicksalsergebenheit) hin, die bei den allermeisten Thais offensichtlich genetisch verankert ist.

Wer Thailand auf diese Weise bereist, sieht mehr als der gewöhnliche Tourist. Nicht nur die Attraktionen aus den Reiseführern, Chiang Mai mit

seinen stillen Gassen, den welthöchsten Chedi (Kultbau) in Nakhon Pathom, die River Kwai Bridge oder die schwimmenden Märkte von Damnoen Saduak, sondern auch die kleinen Dinge. Die Kinder, die ihre Drachen steigen lassen. Die Tai-Chi-Übungen der Alten, ganz früh morgens im Stadtpark. Den Schmetterling, der entschieden auf dem Fruchtsaft zu landen versucht. Den Klosternovizen, dessen Schädel rasiert wird. Den Fischer, der sein Netz flickt und die Frau, die vor dem Schlafengehen eine Schale mit Obst ins Geisterhäuschen stellt. Die über den Strand flitzenden Krabben und den Dschungel am Ortsrand, wie er wächst und wuchert und zirpt und zwitschert und schnattert.

DIE SEELE DES LANDES

Wenn man nicht pauschal nach Thailand reist und direkt auf eine der Urlaubsinseln fliegt, beginnt eine Thailandreise meistens in Bangkok. Das ist gut so. Bangkok: Das ist das Herz und die Seele des Landes. Man tut Bangkok oft Unrecht. Es muss zum Beispiel seit Jahren damit leben, dass es von Millionen Touristen als Sprungbrett ins restliche Thailand zweckentfremdet wird. Raus aus dem Internationalen Airport-Terminal, hinüber zum Inlands-Flughafen, und ab nach Ko Samui oder Phuket beziehungsweise gleich mit dem Mini-Bus nach Pattaya – so sieht der ganz normale Bangkok-Aufenthalt eines ganz normalen Thailand-Urlaubers aus. Das hat natürlich seine Gründe. Denn natürlich ist diese Stadt ein Beton-Dschungel, und natürlich frisst sich dieser alles verzehrende Moloch wie eine Metastase immer tiefer ins Land hinein. Täglich verschlingt Bangkok neues Leben: Mädchen aus der Provinz, die den Traum von Glück und schnellem Wohlstand hatten und nun den Albtraum der Eisenstangen und Stundenhotels von Patpong und Soi Cowboy erleben. Familien, die dem Sirenenruf der Hauptstadt folgen und anschließend in Pappkartons hausen müssen. Bangkok

Oben:
Weil wirklich jedes noch so winzige Internetcafé (und jedes Restaurant und jeder Mofaverleiher und jede Änderungsschneiderei) mit gewaltigen Schildern wirbt, sehen Thailands Straßen oft so aus wie die hier auf Ko Samui.

Links:
Immer auf Achse: Ausgestattet mit ziemlichen Portionen Gottvertrauen, Schicksalsergebenheit und Fahrkunst sind die Thais auf den Straßen unterwegs. Die Unfallquote ist erschreckend hoch – aber immer noch viel niedriger als man angesichts der Verkehrsteilnehmer manchmal vermuten müsste.

Familienausflug: Früher kamen fast nur ausländische Touristen an Orte wie die Phang-Nga-Bucht – mittlerweile hat auch die thailändische Mittelschicht die Schönheit des eigenen Landes entdeckt. Und das Geld, dort Urlaub zu machen.

ist ein Leviathan, Bangkok ist ein Monstrum, Bangkok essen Seele auf. Aber Bangkok ist auch eine Stadt voller liebenswerter Momente. Voller kleiner Nachbarschaften, wo die Menschen sich kennen und mögen. Voller Oasen der Stille, an denen die Hektik der Metropole unendlich weit entfernt scheint.

Bangkoks erstaunlichste Sehenswürdigkeiten sind in keinem Reiseführer erwähnt: Die Sekunde, in dem ein Mann einem Käfig Vögel die Freiheit schenkt. Die Zeit zwischen Abreise des letzten Tourbusses und dem Ende der Öffnungszeit im Wat Phra Kaeo, wenn die untergehende Sonne die Dächer der Tempel golden färbt und der Gesang der Mönche die Luft erfüllt. Der Augenblick, in dem man während eines Staus einer Blumenhändlerin einen Kranz aus Lotusblüten abkauft und im Taxi daran riecht. Und diese Glocke aus Geräuschen, die über die Stadt gestülpt ist. Eine Kakophonie aus Dieseltuckern und Kinderlachen, Hupen und Satzfetzen, ein Klangwirrwarr, der im Laufe des Tages anschwillt wie das Summen eines immer näher kommenden Hornissenschwarms. Manchmal ahnt man, wer oder was welches Geräusch verursacht: die feilschenden Marktleute, die quietschenden Sackkarren der Lastenträger, das vieltausendfache Schlurfen der Gummilatschen auf den Planken am Ufer. Nach ein paar Tagen hier muss man sich konzentrieren, um es überhaupt noch wahrzunehmen.

Was sollte man sonst noch sehen in der Hauptstadt? Das kunterbunte Wat Phra Kaew mit dem Jadebuddha, dem wichtigsten Talisman Thailands (der Legende nach legitimiert der Besitz der Statue das Herrschaftshaus). Das Wat Arun, Tempel der Morgenröte, direkt am Chao Praya, Bangkoks Hausfluss. Das Peninsula Hotel, möglicherweise die legendärste Übernachtungsmöglichkeit auf dieser Seite der Erdkugel. Und die Khao San Road, 300 Meter lang bloß, aber essenziell, wenn man Thailand als populärste Reisedestination der letzten 20 Jahre verstehen möchte. Uninitiierte Novizen erinnert die Aorta der südostasiatischen Traveller-Szene auf den ersten Blick an eine außer Rand und Band geratene Kreuzung aus Flohmarkt, Freakshow und Nachrichtenmeldungen über Asiens fehlende Bauvorschriften. Wer je mit dem Rucksack in diesem Teil der Welt unterwegs war, kennt die Khao San Road aber vor allem als Ort, an dem man von der Fährpassage nach Indien bis zum Visum für Burma sämtliche Reiselogistik zu Dumpingpreisen erledigen kann.

Die Lingua franca der berühmtesten Straße Thailands ist Englisch, ihr Markenzeichen die keltische Runen-Tätowierung, die Speisekarten haben italienische und hebräische Rubriken und erinnern in ihrem Angebot an die „Today's Specials"-Aushänge in der UN-Kantine. Thais? Tauchen hier nur in ihren Erscheinungsformen der Bedienungen und Händler auf. Sie werden öfter beschimpft, weil ihre Preise jetzt aber wirklich unverschämt weit über denen liegen, die man vorgestern noch auf Ko Samet oder Ko Pha Ngan bezahlt hat.

DIE ZUKUNFT AM KRAGEN GEPACKT

Und dann gibt es das neue Bangkok. Das schicke, trendige, das Bangkok, von dem man in Mode- und Szenezeitschriften liest. Jenes Bangkok, das die Zukunft am Kragen gepackt hat. Auf dem Stadtplan lässt es sich nicht so richtig festmachen – im Grunde aber liegt es da, wo schon das alte am lebendigsten war. Entlang der Sukhumvit Road zum Beispiel. An der bauen abends noch immer Hunderte Händler ihre Tapeziertische auf und locken Touristen mit Seidenschals, T-Shirts und Satin-Wäsche „before you go home tomorrow" – in den Sois, den Seitengassen, aber gibt es mittlerweile lässige Blues- und Jazzclubs mit Live-Musik. Oder rund um den Siam Square: Lange Jahre galt hier das „Hard Rock Café" als Nabel des Nachtlebens (darüber will man gar nicht nachdenken ...); mittlerweile trifft sich die junge Szene in weniger pompösen Cafés und Restaurants wie dem „Noodies". Oder gleich in den neben- und übereinander geschachtelten CD-Shops, Second-Hand-Läden und Boutiquen, ein paar Quadratmeter Stellfläche jeweils, auf denen Jungdesigner Hip-Hop-Mode verkaufen. Doch, auch in Thailand tragen sie hellblaue Kunstfelljackets. Und essen an einer der Garküchen draußen vor der Tür: Gebratener Reis, Broccoli und Chili, kurz erhitzt im Wok, für umgerechnet 50 Cent die Portion.

Vielleicht ist es ja dieses reibungslose Nebeneinander der Welten, aus dem Bangkok seine pulsierende Energie zieht. Die Stadt mag nach der Zukunft gieren – ihre Vergangenheit aber kann und will sie nicht abstreifen. Es gibt Ecken in Thailands Hauptstadt, die irgendwann vor dreißig, vierzig Jahren aus den Zeitläuften gepurzelt sind und seitdem in einem Paralleluniversum zu existieren scheinen. Das quirlige Chinatown zum

Unten links:
Parasailing ist nicht nur bei Touristen, sondern auch bei den Thais beliebt. An vielen Stränden kann man sich an so einem Fallschirm von einem Motorboot in die Luft ziehen lassen. Gelandet wird am Strand – in der Regel.

Unten:
Es gab einmal eine Zeit, in der Asiaten westliche Besucher wegen ihrer auffallend großen Riechorgane als „Langnasen" bezeichneten. Kämen heute die ersten weißen Reisenden nach Südostasien, würden sie mit Sicherheit nach ihren Tätowierungen benannt: Badegäste am Tham Phra Nang Beach bei Krabi.

Links:
Und wenn man sich dann irgendwann wirklich vom Badetuch fort bewegen möchte – dann warten an Ko Samuis Mae Nam Beach auch die passenden Sportgeräte auf einen.

Beispiel. Die Höfe im Wat Pho, wo die Thais seit Jahrhunderten das Schicksal mit Räucherstäbchen und Gebeten umschmeicheln. Oder der Gemüsemarkt unten am Fluss, morgens um sieben, wenn die Händler Kisten mit Obst und Gemüse heranschleppen und die Sonne diffus durch die Ritzen in den morschen Holzlatten blinzelt. Anderswo in der Stadt wiederum scheinen sich 19. Jahrhundert und Science-Fiction zu umgarnen und umarmen. Bangkok besitzt Viertel, in denen Teenager morgens aus wackligen Holzhäuschen treten und auf dem Weg zum Bus ihren Palm Pilot per Handy mit aktuellen Nightlife-Tipps aus dem Internet upgraden. In denen zischende Garküchen unter Wolken kratzenden Glaspalästen stehen. Und steinalte buddhistische Tempel neben den Büroräumen von Webdesignern. Bangkok goes „Blade Runner“ oder: Es war einmal in ferner Zukunft.

Selbst den Verkehr scheinen sie langsam in den Griff zu bekommen. Lange Zeit konnte ja auch von einem nur ansatzweise reibungslosen Vorankommen in Thailands Hauptstadt keine

Unten ganz rechts:
Blendender Glanz: Der ver-goldete Chedi des Wat Doi Suthep in Chiang Mai. Das aus dem 16. Jahrhundert stammende Kloster liegt auf einem Bergrücken außerhalb der Stadt und gilt als bedeutendste Tempelanlage Nordthailands.

Unten rechts:
Der Wat Thang Sai in Ban Krut liegt über einem der schönsten Strände des Landes. Schon seine Erbauer wollten die Aussicht genießen – und legten die Klosteranlage so an, dass man von fast überall hinaus auf Küste und Meer schauen kann.

Oben:
Marmortempel: Wat Benchamabophit wurde unter Rama V. Ende des 19. Jahrhunderts vom italienischen Architekten Hercules Manfredi entworfen. Der Carrara-Marmor wurde aus Italien importiert.

Rede sein, aber dann kamen Hochbahn und U-Bahn, und nach anfänglichem Zögern stiegen die Bangkoker auch auf sie um. Natürlich gibt es auch heute noch immer genügend dieser haarsträubenden Verkehrssituationen, in denen Autofahrer mit liegengebliebenen Tuk-Tuks, auf der Fahrbahn schwankenden Garküchen beziehungsweise der ein oder anderen Phalanx singender Schulmädchen konfrontiert werden, die Hand in Hand eine achtspurige Schnellstraße überqueren. Aber so schlimm wie noch vor ein paar Jahren ist es nun wirklich nicht mehr auf Bangkoks Straßen.

ABENTEUER TUK-TUK-FAHRT

Mit oder in Thailands öffentlichen Verkehrsmitteln hat man übrigens oft die nettesten Erlebnisse. Beim Fahren in einem Tuk-Tuk zum Beispiel. Ab dem zweiten Tag seines Aufenthaltes (am Anfang muss man es natürlich einmal ausprobiert haben) gibt es im Grunde keinen Grund, sich rudimentären Fremdsprachenkenntnissen und Desorientierung (Fahrer) sowie Hörsturz- und Bleivergiftungsgefahr (Fahrgast) auszusetzen – den üblichen Symptomen, mit denen man als Passagier dieser knatternden und mit allerlei güldenen Dämonen verzierten Streitwagen zu kämpfen hat. Aber dann erinnert man sich daran, dass die Tuk-Tuk-Fahrer bloß deshalb Tuk-Tuk fahren, weil sie sich kein Taxi leisten können, und deshalb rund um die Uhr fahren müssen, und sich deshalb mit diesen scheußlichen Aufputschgetränken wachhalten, und weil das nun wirklich auf Dauer kein Zustand ist, beschließt man also, sie zu unterstützen, die Tuk-Tuk-Fahrer. Und weiter Tuk-Tuk zu fahren.

Das alles – und das muss spätestens jetzt erwähnt werden – gilt natürlich nur für Bangkok. Außerhalb seiner Hauptstadt ist Thailand weit weniger frenetisch. Es gibt sogar Momente, in denen man Land und Leben am liebsten anschieben würde. Zweimal am Tag, um acht Uhr morgens und um sechs Uhr abends, wird es sogar für ein paar Sekunden mucksmäuschenstill. Dann knackst es in den überall hängenden Lautsprechern, und die Nationalhymne wird gespielt, worauf jeder alles stehen und liegen lässt und sich erhebt. Thailand hat übrigens eine sehr schöne Hymne: Sie heißt „Falling Rain“ (den gleichen Namen trägt die Menthol-Zigarette, die in Mund und Rachen eine ähnlich erfrischende Wirkung hinterlässt wie Chilisuppe) und entstammt der Feder eines passionierten Saxofonisten und Jazz-Komponisten: König Bhumibol.

Thailands Königshaus erfreut sich einer ungeheuren Popularität. Es gibt im Land kein Wohnzimmer und kein Restaurant, in dem nicht ein Bild Seiner Majestät hängen würde. Der König ist allgegenwärtig, was auch daran liegt, dass er

Der liegende Buddha im Wat Phra That Haripunchai. Die Haltung kennzeichnet jenen Moment, in der der sterbende Erleuchtete ins Nirwana gelangt.

Thailands Elefanten sind eine bedrohte Spezies: Extensive Waldrodung hat ihren Lebensraum vernichtet; die meisten Tiere leben heute in sogenannten Elefantencamps.

überall persönlich auftaucht: Angeblich gibt es in Thailand keinen Ort, den der Monarch in seiner langen Amtszeit (Bhumibol herrscht seit 1946) noch nicht besucht hätte. Als er jünger war, moderierte Seine Majestät regelmäßig ein Jazz-Wunschkonzert im Radio und spielte die nettesten Wunschtitel selbst auf dem Saxofon. Der Regent ist Umweltschützer und beschäftigt sich intensiv mit Naturwissenschaften. Als Meteorologen vor Jahren einen gewaltigen Taifun für Thailand vorhersagten, trat Bhumibol am Abend mit Klimatabellen ausgestattet vor die Fernsehkameras und beruhigte die Thais: Nichts werde passieren. Er behielt Recht.

KLEINE UND GROSSE KRISEN

Auch politisch schätzte er die Lage oft richtig ein. Als die Militärs 2006 nach wochenlangen Demonstrationen putschten und den ungeliebten Premier Thaksin absetzten (ohne Blutvergießen – Thaksin befand sich gerade auf einer Auslandsreise), bewahrte Bhumibol die Ruhe; seine Position war sowieso in keiner Sekunde gefährdet. Und ein Putsch? Davon hatte Thailand in den letzten 20, 30 Jahren mehr als andere Staaten Wahlen. Im Nachhinein scheint die Situation im Jahre 1997 bedrohlicher gewesen zu sein: Damals ging der Baht auf Talfahrt und löste mit seinem Verfall jene Währungskrise aus, die schließlich ganz Südostasien mitreißen sollte. Bhumibol glaubte nicht an Unruhen wie in Indonesien, und tatsächlich reagierten die Thais nicht mit Krawall und Aufruhr, sondern bewältigten die Krise mit einem Sinn fürs Praktische. Auf dem flugs gegründeten „Markt der ehemals Reichen" wurden Rolex-Uhren nach Gewicht in Plastikbeuteln verkauft; komplette Kunstsammlungen kamen unter den Auktionshammer, und der Verkehr im notorisch verstopften Bangkok beruhigte sich für mehrere Monate: Die meisten Limousinenbesitzer hatten ihre Mercedes, Porsche und Rolls-Royce zum Gebrauchtwagenhändler bringen müssen. Stattdessen erlebten die Verkäufer religiöser Talismane einen nie gekannten Ansturm auf ihre Buddha-Amulette, von denen jeder gute Souvenirhändler mindestens ein paar hundert unterschiedliche auf Lager hat, die alle ganz bestimmte Schutzeigenschaften besitzen und ihre Träger vor allem Unbill vom grippalen Infekt bis zum neuerlichem Bankrott bewahren sollen. Weil mit dem Erleuchteten kein schnöder Handel getrieben werden darf, werden Amulette mit seinem Antlitz nicht verkauft, sondern nur verliehen. Wobei der lebenslange Mietpreis natürlich exakt dem Verkaufspreis entspricht.

EIN STOLZES LAND

Ein paar Jahre später werden die Thais nicht mehr gerne auf jene Zeit angesprochen, und die Skelette der nie fertig gestellten Wolkenkratzer, die wie mahnende Finger in den Himmel über Bangkok ragen, versetzen vielen Hauptstädtern noch heute kleine Nadelstiche. Thailand ist ein stolzes Land, auch das. Stolz auf seine wirtschaftlichen Erfolge, stolz auf seine Kinder, stolz auf die Tatsache, im Laufe seiner langen Geschichte niemals erobert worden zu sein (abgesehen von drei kurzen Ausnahmen, den Invasionen der Burmesen und Khmer sowie einer kurzen japanischen Okkupation im Zweiten Weltkrieg). Und selbstverständlich stolz auf das Thaisein an sich, auf die Traditionen, und auf die Schönheit seiner Landschaften sowieso.

Wo wir gerade dabei sind: Auch das ja so oft verklärte „ursprüngliche Thailand" kann man natürlich noch finden (und sich gleich anschließend fragen, ob seine Bewohner vielleicht alles andere als ursprünglich sein wollten, wenn sie denn die Möglichkeit dazu hätten ...). Ecken, die bislang verschont geblieben sind vom ansonsten beinahe flächendeckenden Ansturm auf das Land des Lächelns. Wo die Strände noch nicht von Souvenirverkäufern bevölkert sind und es in den Restaurants Live-Musik statt DVD-Videos gibt und Essen ohne künstliche Geschmacksverstärker. Viele der kleineren Inseln zum Beispiel sind noch immer – um einen PR-Slogan zu bemühen – ein Stück „Amazing Thailand". Man muss bloß über ein paar Klippen klettern und über ein paar sichelförmige Buchten laufen. Dann ist aber auch gut, viel mehr unternehmen möchte man nun wirklich nicht, dazu sind die Strände zu weiß und die Fische an den Korallen draußen zu bunt. Jenen Hirnabschnitt, der in diesen Momenten seine bildungsbürgerliche „Aber-Du-kannst-doch-nicht-nur ..."-Litanei anstimmt, bringt man mit einem energischen „Doch, kann ich!" zum Schweigen. Kann man sogar problemlos: Einfach nur hier liegen und den Möwen zuschauen. Eine Kokosnuss austrinken. Und dann noch eine.

Doch, dieses Land ist ein Geschenk der Götter an die Menschen. An die, denen es Heimat ist. Und an die, die es besuchen. Über Geschenke darf man sich natürlich freuen. Man muss sie aber auch sorgsam behandeln.

Links:
Chantaburi ist berühmt für seine Edelsteinvorkommen – Besitzer privater Gruben bauen hier vor allem Rubine und Smaragde ab. Am Wochenende kommen die Großhändler aus Bangkok nach Chantaburi und kaufen preiswert ein, was in der Hauptstadt dann teuer weiterverkauft wird.

Ganz links:
Die beste Zeit für einen Marktbesuch ist der frühe Morgen: Später liegt ein strenger Geruch über den Fischständen (wie hier auf Phuket), und das allermeiste ist sowieso zuvor schon aufgekauft worden.

Links:
Wo früher Dschungel war, stehen heute Kautschuk-Plantagen: Das Geschäft mit dem Gummi hat Thailand viel Geld gebracht – und viel seiner Natur vernichtet.

Seite 26/27:
Der einstige Insidertipp Ko Samui ist längst eine touristisch voll erschlossene Insel – mit einer breit gefächerten Palette an Unterkunftsmöglichkeiten. Mit einer traumhaften Lage wartet (nicht nur) das Coral Cove Resort auf.

KÖNIGSSTÄDTE UND DRAMATISCHE LANDSCHAFTEN – DER NORDEN

Noch vor 20 Jahren war Thailands Norden touristische terra incognita. Natürlich gehörte Bangkok mit seinen Wats und Palästen zum Pflichtprogramm der meisten Reisenden – viel weiter ins Land hinaus aber zog es lange nur eine kleine Zahl Besucher. Dabei beginnt nur wenige Kilometer von Bangkok entfernt eine andere Welt. Erstaunlich schnell hat man die Kakophonie der Hauptstadt hinter sich, erstaunlich übergangslos vollzieht sich der Wechsel von Metropole zur Reiskammer. Die Zentralregion des Landes wird von der Landwirtschaft dominiert – und von Siams alten Königsstädten, Ayutthaya und Sukhothai vor allem, noch immer imponierende Hinterlassenschaften einer prächtigen wie mächtigen Epoche.

Seite 28/29:
„Wie reich muss so ein kleines Volk an handwerklicher und künstlerischer Begabung sein, um solche Pracht überhaupt entstehen zu lassen!" (Hans-Hasso von Veltheim-Ostrau): Der Palastbezirk in Bangkok.

Der Wat Saket Ratcha Wora Maha Wihan ist eine der bedeutendsten Tempelanlagen Bangkoks. Der vergoldete Chedi steht auf einem künstlich aufgeschütteten Hügel; nach 318 schweißtreibenden Stufen ist man oben.

REISE IN DIE VERGANGENHEIT

Wer hier unterwegs ist, reist vor allem in die Vergangenheit des Landes: Die Menam-Ebene wurde schon seit Jahrhunderten von den Mon und Khmer kultiviert, ehe das Volk der Thai aus dem Norden hier einwanderte. Noch immer entdecken Wissenschaftler, aber auch Arbeiter beim Bau von Straßen Reste von Befestigungsanlagen und Tempeln. Und Städte wie Singburi oder in noch stärkerem Maße Lopburi – beide nicht unbedingt fester Bestandteil einer klassischen Thailand-Reiseroute – bieten auch deshalb weit mehr Sehenswertes, als man während eines Zwischenstopps bei einem schnellen Lunch und einem kühlen Bier erfahren würde. Phitsanulok weiter nördlich war schon immer ein Markt- und Handelszentrum und ist es bis heute geblieben.

Wer von Bangkok aus nach Nordwesten aufbricht, nimmt am besten den Bummelzug: Der zuckelt von der Hauptstadt gemächlich Richtung Nam Tok und passiert kurz hinter Kanchanaburi eine der berühmtesten Brücken Asiens: 100 000 Zwangsarbeiter und 16 000 Kriegsgefangene starben beim Bau der Brücke über den Kwai 1942/43. Die Japaner wollten damals eine Eisenbahn-Verbindung nach Burma herstellen, um beim geplanten Angriff auf Indien den Nachschub zu sichern. Nach dem

Oben:
In Thailand eigentlich untypisch, für Lampang aber charakteristisch: Kutscher warten auf Kunden.

Rechts:
Khon-Tanz auf einer Bühne in Lampangs Pamai Road. Ursprünglich wurde der klassische Tanz nur am Königshof aufgeführt. Die brennenden Kerzen sollen die anmutigen Bewegungen der Tänzerinnen betonen.

Krieg bauten die Japaner stattdessen die durch Bomben zerstörte Brücke wieder auf – als Teil ihrer Reparationszahlungen an Thailand.

FRAGILE ÖKOSYSTEME

Der Nordwesten ist auch das Land der Nationalparks – eine ganze Reihe kann man hier innerhalb weniger Tage besuchen. Über hundert Parks wurden in den letzten 30 Jahren landesweit gegründet, plus 37 „wildlife sanctuaries“ und 50 weitere Regionen mit absolutem Jagdverbot, alles in allem 66 000 Quadratkilometer beziehungsweise 13 Prozent der kompletten Landesfläche – verließe man sich auf statistische Werte, wäre Thailand Südostasiens Klassenbester im Fach Naturschutz. Seit 1974, als es im ganzen Land gerade mal vier Nationalparks gab, wurden komplette Inselarchipele unter Schutz gestellt, dazu Riffe, Wälder, Bergrücken und einzelne Strände, mit großer Publicity meistens und der Androhung drakonischer Strafen für alle, die Thailands Na-

turschutzgesetze missachten. Leider scheint dies alles kaum jemanden zu interessieren. Abfall entlang der Wanderwege, Baulärm, das plötzliche Aufheulen einer Kreissäge: alles keine ungewöhnlichen Begegnungen beim Wandern durch die Parks. Manchmal kann man schon den Eindruck gewinnen, Thailands Naturschutzgesetze würden nur auf dem Papier existieren. Noch sei es nicht zu spät für Thailands Natur, sagen die Umweltschutzorganisationen, aber die Zeit werde allmählich knapp. Noch können Vogelfreunde

Links:
Beliebtes Souvenir: Bambusschirme aus Bo Sang. In der Stadt, die für ihre Sonnenschirme berühmt ist, findet jedes Jahr im August ein Schirmfestival samt Schirmparade statt.

in Schutzgebieten wie dem Sai-Yok-Nationalpark oder dem Erawan-Nationalpark Zehntausende Tiere beobachten, noch ist der Regenwald im Khao-Yai-Nationalpark, dem ältesten des Landes, halbwegs intakt. Die Uhr aber läuft, und sie läuft immer schneller. Schon 2020, warnen Experten, könnten die Ökosysteme in vielen thailändischen Nationalparks unwiderruflich zerstört sein.

Hoch im Norden wird die Landschaft dann dramatisch, die Felder machen Bergen und Wäldern Platz, Heimat der „hill tribes", ethnischer Minoritäten, deren traditionelle Lebensräume immer stärker eingeengt werden. Chiang Rai, Thailands nördlichste Provinzstadt, erlebt seit Jahren einen Boom, aber auch Orte wie Mae Sai oder Mae Hong Song haben sich längst drastisch verändert – wer hier das letzte Mal vor zehn oder fünfzehn Jahren war, wird nichts mehr wiedererkennen.

Höhepunkt des Nordens ist Chiang Mai, mit 250 000 Einwohnern die zweitgrößte Stadt des Landes. Chiang Mai ist Thailands Outdoor-Metropole (seine Berge sind Südostasiens bekanntestes Trekkingrevier) und Ausgangspunkt für Abstecher ins legendäre Goldene Dreieck, der Grenzregion zu Burma und Laos. Vor allem aber ist es ein Stück Thailand zwischen allen Welten: traditionell und modern, kleinstädtisch und metropolenhaft, gleichzeitig in sich ruhend und mit einem gewaltigen Vorwärtsdrang ausgestattet. Trotz ständig steigender Besucherzahlen ist es der Stadt bislang gelungen, sich ihren angenehmen Charme zu bewahren – was sie wiederum umso attraktiver für immer neue Besucher erscheinen lässt. Natürlich ist das eine Gratwanderung. Chiang Mai aber ist zuzutrauen, dass sie sie meistern wird.

Unten:
Hmong-Frauen fertigen kunstvolle Stickerein an. Weil die Hmong in Laos in den vergangenen Jahren von staatlichen Sicherheitskräften wie Tiere gejagt und ermordet wurden, sind viele ins Nachbarland Thailand geflüchtet. Regelmäßig werden von hier große Flüchtlingsgruppen nach Laos abgeschoben; Menschenrechtsorganisationen fordern die Regierung in Bangkok deshalb immer wieder auf, den Hmong dauerhaft Asyl zu gewähren.

Linke Seite:
Wat Arun, der „Tempel der Morgenröte", ist eines der Wahrzeichen Bangkoks. Sein Prang ragt 80 Meter hoch in den Himmel. Das Gebäude stammt aus der Ayutthaya-Periode und wurde von König Taksin restauriert. Seine Aussichtsplattform ist ein guter Platz, um sich einen Überblick zu verschaffen – und um mit Mönchsnovizen ins Gespräch zu kommen.

Links:
Liegender Buddha: Die Statue in Bangkoks Wat Pho stellt den sterbenden Buddha beim Übergang ins Nirwana dar. Die Figur ist 46 Meter lang und 15 Meter hoch, aus Stein gemauert, hohl, und mit mehreren Schichten Blattgold überzogen.

Seite 36/37:
„An dem glänzenden Königshofe von Siam geht es dem Besucher ähnlich, wie wenn man in die Sonne blickt", schrieb der österreichische Reiseschriftsteller Ernst von Hesse-Wartegg Ende des 19. Jahrhunderts über Bangkoks Wat Phra Kaeo, und an diesem Eindruck hat sich bis heute nichts geändert. „Sein Glanz überstrahlt alle Einzelheiten … So sieht der Fremde in der Palaststadt von Bangkok nur goldglänzende Tempel, Glanz, Reichtum, Üppigkeit." Tatsächlich überrumpelt die Anlage auf dem Gelände des Königspalastes selbst vorbereitete Besucher mit ihrer unüberschaubaren Vielfalt an Figuren, Statuen, Chedis und Hallen. Für den Besuch sollte man mindestens einen halben Tag einplanen.

Oben:
Zeitlose Grazie, schlappe Gegenwart: Müde Touristen beim Besuch des Wat Phra Kaeo in Bangkok.

Rechts und ganz rechts:
Steinerne Wächter: Figuren am Wat Pho und am Wat Phra Kaeo. Solche „Aufpasser" stehen in thailändischen Klosteranlagen oft an den Übergängen zwischen zwei Tempelbereichen.

Oben:
Mit viel Liebe zum Detail: Wandgemälde im Wat Phra Kaeo.

Links:
Vom Bangkoks Lak-Muang-Schrein nordwestlich des Wat Phra Kaeo aus werden innerstädtische Entfernungen gemessen. Außerdem wird hier der Schutzgott der Stadt verehrt.

Unten:
Ob Frankfurt, Sydney oder Bangkok: Die Geschäftsbezirke moderner Großstädte unterscheiden sich kaum noch voneinander. Bangkoks Silom Business District ist die Schaltzentrale des thailändischen Wirtschaftslebens.

Rechts oben:
Erst mit den Express-Highways, die auf Pfeilern über die eigentlichen Hauptstadtstraßen führen, hat sich das Verkehrschaos in der Hauptstadt allmählich gebessert. Optisch geht das Fiasko weiter – damit Fahrer die Werbung wahrnehmen können, muss sie nun auf gigantischen Tafeln angebracht werden.

Rechts Mitte:
Wie viele andere asiatische Metropolen existiert auch Bangkok manchmal zweimal: Glitzernde Werbewelt über harscher Realität.

Rechts unten:
Obwohl Bangkoks Stadtverwaltung energisch gegen ungenehmigte Hüttensiedlungen in der Stadt vorgeht, gibt es sie weiterhin. Es ist vor allem die nach Bangkok ziehende Landbevölkerung, die desillusioniert in solchen Straßenzügen landet.

METROPOLE MIT NEUEM SELBSTBEWUSSTSEIN –

DAS MODERNE BANGKOK

Oben:
Manchmal ist in Bangkok dann doch noch alles so, wie es früher einmal (und immer!) war: Stau auf der Ratchadamri Road.

Mitte:
Bangkok zu Beginn des 21. Jahrhunderts: Schwebebahn vor den Hochhausfassaden im Silom Business District.

Es ist noch nicht sehr lange her, da bedeutete ein Zwischenstopp in Thailands Hauptstadt eine ziemliche Belastung für das Nervenkostüm. Ende der Neunziger konnte eine Taxifahrt vom Flughafen drei Stunden dauern, und wenn man dann endlich in der Stadt war, verbrachte man auch dort einen Großteil seiner Zeit im Taxi. Was wiederum nicht der schlechteste Ort in einem Moloch war, der bis in die engsten Sois zugestopft war mit Autos, knatternden Tuk-Tuks und Lieferwagen, die ihre Abgase allesamt in eine 38 Grad warme Luft hinaus bliesen.

Das ist zum Glück Vergangenheit. An den Temperaturen hat sich natürlich nichts geändert, seine Infrastruktur aber hat Bangkok in den vergangenen Jahren beharrlich den Anforderungen der Gegenwart angepasst. Heute braucht man vom neuen Flughafen – einem architektonisch verwegenen Gebilde, das ausschließlich aus langen, weißen Röhren und zeltartigen Hallen aus Stahl und Glas zu bestehen scheint – ins Zentrum nur noch vierzig Minuten, weil Bangkoks Taxifahrer auf der vierspurigen Schnellstraße gerne 180 Kilometer pro Stunde fahren. In der Stadt selbst kann man dann in Skytrain und U-Bahn umsteigen und so dem Straßenverkehr entfliehen. Demnächst soll auch der neue Flughafen an das Netz angeschlossen werden.

Der Sieg gegen den Verkehrskollaps ist die wichtigste, aber längst nicht die einzige bedeutende Etappe auf Bangkoks Weg zu einer Metropole des 21. Jahrhunderts. Nach und nach hat sich die Hauptstadt der Thais in vielen Bereichen runderneuert, hat im Rotlichtmilieu aufgeräumt und versucht, das Image von der Durchgangsstation für Strandurlauber gegen das einer Stadt für Börsen-

geschäfte, Schönheits-Chirurgie und Wellness einzutauschen. Luxushotels wie das Mayfair Marriott, das Nai Lert Park oder das Metropolitan haben die Stadt zurück an die vorderste Linie der asiatischen Hotellerie gebracht. Und obwohl das berühmt-berüchtigte Nachtleben seit geraumer Zeit um zwei Uhr nachts zu enden hat, ist Bangkok noch immer

die beste Stadt Asiens, um die Nacht auf stilvolle Art zum Tag zu machen. Die Betonung liegt auf „stilvoll": In normaler Reisekleidung wird sich in den besseren Restaurants jeder westliche Besucher schlecht angezogen vorkommen. In die besseren Clubs der Stadt wird man ihn gar nicht erst hineinlassen.

NEUE WEGE DER ARCHITEKTUR

Und wie das oft ist in Städten, die sich in schnellem Wandel befinden, legt auch die Architektur Zeugnis ab vom neuen Selbstbewusstsein der Metropole. Die zahllosen Hochhäuser aus den Boomjahren der frühen Neunziger mögen noch architektonische Massenware gewesen sein – heute geben Bangkoks Architekten mit kleinen Projekten wie dem Galerien- und Restaurantkomplex „H1" Hinweise darauf, wie das Bild der Stadt in Zukunft aussehen könnte: nicht himmelsstürmend, sondern eher klein und in den bestehenden Ecken und Winkeln Platz findend. Mit dem „Bed Supperclub" spielt die Architektur des neuen Bangkoks übrigens augenzwinkernd mit der buddhistischen Philosophie der Vergänglichkeit aller irdischen Dinge: Der komplette Club – innen weiße Lounge mit Betten und Tanzfläche, außen illuminierte Ellipse – kann per Sattelschlepper über Nacht an einen anderen Standort gebracht werden.

Links:
Nachtleben an der kurzen Leine: Seit einiger Zeit ist um zwei Uhr morgens Schluss.

Unten:
Allgegenwärtiger König: Seine Majestät ist auch zwischen den Werbetafeln in der Hauptstadt überall zu sehen.

Oben:
Edler shoppen: In glitzernden Einkaufszentren wie „Mah Boon Krong" findet man die Filialen der Luxus-Modefirmen der westlichen Welt – und thailändische Designer.

Oben links:
Verschiedene Welten, eine Realität: Mönche sind aus Thailands Stadtbild nicht wegzudenken. In der zunehmend westlich geprägten Metropole bewirkt ihr Anblick manchmal, dass man innehält – und für einen Moment nachdenkt.

Rechts:
Bangkoks „Siam Discovery Center" ist eine gewaltig große Shopping Mall im Herzen der Stadt. Und eine außergewöhnliche: Hier haben beinahe ausschließlich einheimische Mode-, Möbel- und Einrichtungsdesigner ihre Geschäfte.

Unten:
Je größer der Neubau, desto pompöser auch das Geisterhäuschen, wie hier vor dem World Trade Center in Bangkok. Es soll all jenen nicht-stofflichen Geschöpfen Platz bieten, deren Wohnstatt möglicherweise durch die Bauarbeiten zerstört wurde.

Oben:
Nicht ganz so pompös wie andere Stadtteile, aber trotzdem quicklebendig: Bangkoks Chinatown in der Abenddämmerung.

Links:
Damit sich die vertriebenen Geister auch nachts beachtet fühlen, sind die größten (und wichtigsten) Geisterhäuschen der Stadt beleuchtet.

Oben:
Wacklige Angelegenheit: Restaurants und Marktstände am Ufer des Chayo Praya, Bangkok.

Rechts:
Einer von schätzungsweise 137 Gemüsemärkten in Bangkok. Weil die Thais sehr viel Wert auf frische Zutaten legen, geht jeder, der kocht, mehrmals täglich zum Markt. Wo mehrmals täglich frische Waren aus dem Umland angeliefert werden.

Links:
Bei uns beinahe schon ein Luxusartikel, in Thailand für umgerechnet wenige Cents zu haben: Frische Blumen auf dem Pak-Klong-Talaat-Markt in Bangkoks Chakraphet Road.

Unten:
Mönchs-Frühstück: Entlang der Klongs von Thonburi versorgen Anwohner allmorgendlich Mönche mit einem Frühstück. Auch zu den Klöstern werden jeden Morgen Spenden gebracht.

Linke Seite:
Land des Tanzes: Als Zeichen ihrer Dankbarkeit engagieren Bittsteller an Bangkoks Erawan-Schrein Tanzgruppen in klassischen Kostümen. Früher gehörte zu fast jedem Schrein im Land eine eigene Tanztruppe; heute können nur noch wenige hauptberuflich davon leben.

Links:
Der „khon" wurde ursprünglich nur von Männern getanzt – bis ins 19. Jahrhundert war man der Meinung, Frauen seien bei den langen Aufführungen überfordert. Khon-TänzerInnen trainieren bereits ab der frühen Kindheit ein breites Spektrum detaillierter Gesten, die neben der Handlung auch Gedanken und Gefühle ausdrücken.

Ganz links:
Der klassische Maskentanz geht vermutlich auf indische Tempelrituale zurück. Meistens werden Teile des Ramakien dargestellt, der thailändischen Version des indischen Götterepos Ramayana.

Links:
Wer im Hotel bleiben möchte, bekommt die Kultur in die Lobby gebracht: Khon-Vorführung im „Holiday Inn".

THAILANDS NATIONALSPORT –

„MUAY THAI"

Das Orchester spielt noch eine Art kakofonischen Tusch, die Kämpfer verneigen sich noch einmal in alle vier Himmelsrichtungen, um ihre Geburtsorte, ihre Lehrer, ihre Schulen und sämtliche Geister des Ringes zu ehren, dann nehmen sie ihre Plätze ein. Das Publikum im Stadion am Bangkoker Lumpini-Park, bisher vornehmlich mit Klatsch und Tratsch sowie dem lautstarken Vertilgen gewaltiger Mengen Popcorn beschäftigt, ist schlagartig ruhig. Zumindest für ein paar Augenblicke. Nach den ersten Fußtreffern der Boxer wird es eine Geräuschkulisse entfachen, gegen die sich das Orchester kaum wird durchsetzen können – obwohl sich die Musiker alle Mühe geben, die lauteren in der Arena zu sein. Boxen in Thailand ist auch – und für unkundige Zuschauer vor allem – eines: eine ohrenbetäubende Angelegenheit.

Mitte:
Mehr Show als Sport: Boxen in Pattayas Vergnügungsviertel.

Unten:
Thai-Boxen ist Nationalsport in einem sportbegeisterten Land. Trainiert wird überall in der Stadt – in Garagen, Innenhöfen oder leeren Markthallen.

Sportbegeisterte Thais kennen den jeweiligen Spitzenreiter der Fußball-Bundesliga, sie verehren US-amerikanische Basketball-Profis und wissen Bescheid über die letzten Toursiege von Tiger Woods – keine andere Sportart aber versetzt sie in eine ähnliche Begeisterung wie Muay Thai. Boxen genießt in Thailand einen ähnlichen Stellenwert wie Fußball in Deutschland.

Geboxt wird überall im Land, im kleinsten Ort und in der größten Stadt. Die berühmten Boxer des Landes sind Superstars. Sehr vereinfacht gesagt ähnelt Muay Thai dem westlichen Boxen; es gibt einen Ring, Seile, zwei Kämpfer, Handschuhe, Schiedsrichter. Hauptunterschied ist, dass Thai-Boxer nicht nur mit den Fäusten kämpfen, sondern auch Füße, Schienbeine, Knie, die Ellbogen und sogar den Schädel einsetzen und bis auf die Leisten alle Körperteile des Gegners mit Schlägen, Hieben und Tritten bearbeiten können. Natürlich sieht das auf den ersten, unkundigen Blick sehr nach Prügelei aus. Dabei folgt Muay Thai einem althergebrachten, komplizierten Konzept.

Ganz links:
Der Kick mit dem Bein ist im westlichen Boxkampf verboten – und die wichtigste Technik im Muay Thai.

Links:
Auch bei Besuchern beliebt: In Boxschulen wie hier in Chiang Mai kann man sich in die Grundzüge des Thai-Boxens einweisen lassen.

Oben:
Konzentriert lädiert: Thai-Boxer mit Preisgeld.

URSPRÜNGE IN ALTEN KAMPFTECHNIKEN

Ähnlich wie Karate oder Kung Fu stammt auch das Muay Thai von alten Kampftechniken ab – wenn Siams Soldaten Schwert und Schild in der Schlacht verloren, wehrten sie sich mit Händen und Füßen und mit Schlägen, die sie vorher trainiert hatten. Irgendwann im Laufe der langen (und blutigen) Geschichte Siams entwickelte sich aus diesen Techniken dann jenes Konzept aus komplexen Angriffs- oder Verteidigungsformen, das seit den Zwanzigerjahren des vergangenen Jahrhunderts als Sportart Muay Thai ausgeübt wird.

Anhänger romantisierender Entstehungsmythen bevorzugen allerdings eher jene Version, nach der der siamesische König Naresuan das Muay Thai in burmesischer Gefangenschaft erfand. Als er in einem Duell den burmesischen Meisterkämpfer besiegte, wurde ihm die Freiheit geschenkt.

Bei der klassischen, traditionellen Version des Kampfsports, dem sogenannten Muay Thai Boran, wurden auch Waffen eingesetzt; die Bewegungen der Kämpfer waren streng ritualisiert und basierten auf den Bewegungen verschiedener Tiere. Muay-Thai-Boran-Kämpfe kann man heute nur noch selten sehen, Muay Thai aber immer und überall. Wer Bangkok besucht, hat jeden Abend im Stadion am Lumpini-Park dazu Gelegenheit. Die schreiend bunten Hosen und Boxhandschuhe der Kämpfer kann man übrigens für wenig Geld auf jedem Nachtmarkt Bangkoks erstehen. Zur Nachahmung ist Muay Thai allerdings nur unter Anleitung eines Lehrers empfohlen.

Bevor Autobahnen, Schnellstraßen und Fußgängerzonen Thailands altes Wasserwegenetz aus Flüssen und Klongs (Kanälen) Stück für Stück ersetzten, gehörten schwimmende Märkte zum Shoppingalltag in Thailand.

Seite 54/55:
Architektonische Fusion: Der Königliche Sommerpalast in Bang Pa In ist eine Mischung aus asiatischen und europäischen Stilelementen. König Mongkut und sein Nachfolger Chulalongkorn ließen die Anlage im 19. Jahrhundert errichten, als das Aufkommen der Dampfschifffahrt die Reise aus dem 60 Kilometer entfernten Bangkok populär machte.

Heute gibt es nur noch wenige authentische schwimmende Märkte – wie hier bei Damnoen Saduak – und ziemlich viele, die nur für Touristen organisiert werden.

Rechts:
Ko Chang und Ko Samet – hier die Bucht Ao Thian – gehörten lange zu den touristischen Geheimtipps des Landes. Mittlerweile hat die internationale Backpacker-Szene sie entdeckt, auch Thais machen hier gerne Urlaub. Beide Inseln besitzen Nationalpark-Status, der vor Ort allerdings niemanden zu kümmern scheint.

Unten:
In Europa unvorstellbar, in Thailand auch heute durchaus noch üblich: Weißer und vor allem nahezu leerer Sandstrand auf Ko Samet.

Oben:
Es war einmal eine Zeit, da war Pattaya ein netter kleiner Badeort, zu dem an Wochenenden Familien aus der Hauptstadt zum Picknick fuhren ...: Blick vom Thamnak Hill.

Links:
Ko Larn ist die größte der Pattaya vorgelagerten Inseln. Sie wird besonders gerne wegen ihrer Korallenriffe besucht.

Oben:
Platz für eine größere Party: Ausflugsboote im Hafen von Ko Samet.

Rechts:
Für ihn sind leere Strände alles andere als praktisch: Händler am Hat Sai Kaew auf Ko Samet.

Oben:
Immer noch eines der wichtigsten Transportmittel Thailands: die Fähren vom Festland zu den Inseln. Und die Fähren zwischen den Inseln. Auch für Marktleute.

Links:
Und jetzt schnell mit der Ware auf den Markt: Fischerboote auf dem Rückweg nach Laem Ngop. Der Hafen ist Dreh- und Angelpunkt für den Handel mit Meeresfrüchten in der Region an der kambodschanischen Grenze.

Linke Seite:
Auch, wenn es verlockend ist – unter Palmen sollte man sich niemals setzen oder legen. Jedes Jahr sterben in Thailand mehrere Menschen durch herabfallende Kokosnüsse.

Eine dieser kleinen Hotelanlagen, wo man einchecken und für lange, sehr lange bleiben könnte: das „Rok Ko Chang Resort" auf Ko Chang.

Ko Chang ist für seine Wasserfälle im Inselinnern bekannt – auch, weil sie beliebte Badepools nach anstrengenden Wanderungen sind. Unser Foto zeigt den Than Mayom Fall.

Seite 62/63:
Sukhothai war einst Stützpunkt der Khmer. 1238 gründeten die Thais hier das gleichnamige Königreich, das allerdings bereits 1378 von Ayutthaya unterworfen wurde. Die Jahre dazwischen werden als Sukhothai-Ära bezeichnet und gelten als eine Zeit kultureller, politischer und wirtschaftlicher Blüte. Wer Sukhothai am frühen Morgen besucht, wandelt oft allein zwischen seinen Buddhas, Prangs und Teichen, auf denen Lotusblüten schwimmen.

Rechts:
Der Wat Si Sawai in Sukhothai mit seinen drei Prangs war früher wahrscheinlich ein hinduistisches Heiligtum und wurde später in einen buddhistischen Tempel umgewandelt.

Unten:
Der Chedi des Wat Sra Sri in Sukhothai wurde in ceylonesischer Bauweise errichtet. Er ist von kleineren Chedis und großen Buddha-Statuen umgeben.

Oben:
Der Wat Mahathat war einst das religiöse Zentrum des Königreiches. Der Tempel des Königs hatte eine Grundfläche von 240 mal 280 Metern und über 200 Chedis.

Links:
Elefantenskulpturen am Wat Chang Lom.

Links:
Die Padaung sind ein Volksstamm, der im thailändisch-burmesischen Grenzgebiet lebt. Der Name setzt sich zusammen aus pa („drumherum“) und daung („glänzendes Metall“) und bezieht sich auf den Halsschmuck der Frauen.

Links unten:
Je mehr Ringe, desto höher das Ansehen: Padaung-Frau in Mae Hong Son.

Unten:
Farbenprächtig: Padaung-Familie in Mae Hong Son im Norden Thailands.

Seite 68/69:
Ackerbau bei Mae Hong Son in der Nähe der Grenze zu Myanmar. – Im Norden Thailands ist in den vergangenen Jahren viel Dschungel gerodet worden, um Landwirtschaft betreiben zu können.

Bilder rechts:
Im Alter von fünf Jahren bekommen Padaung-Mädchen ihre ersten Ringe angelegt – von einer Schamanin. Durch den Druck der Messingringe werden Schulterbeine und -muskulatur allmählich nach unten gedrückt.

Einige Ethnologen glauben, dass der Schmuck der Padaung mythologische Hintergründe hat. Die Volksgruppe glaubt, von Drachen abzustammen – durch die Ringe werden angeblich die Hälse der Ahnen imitiert.

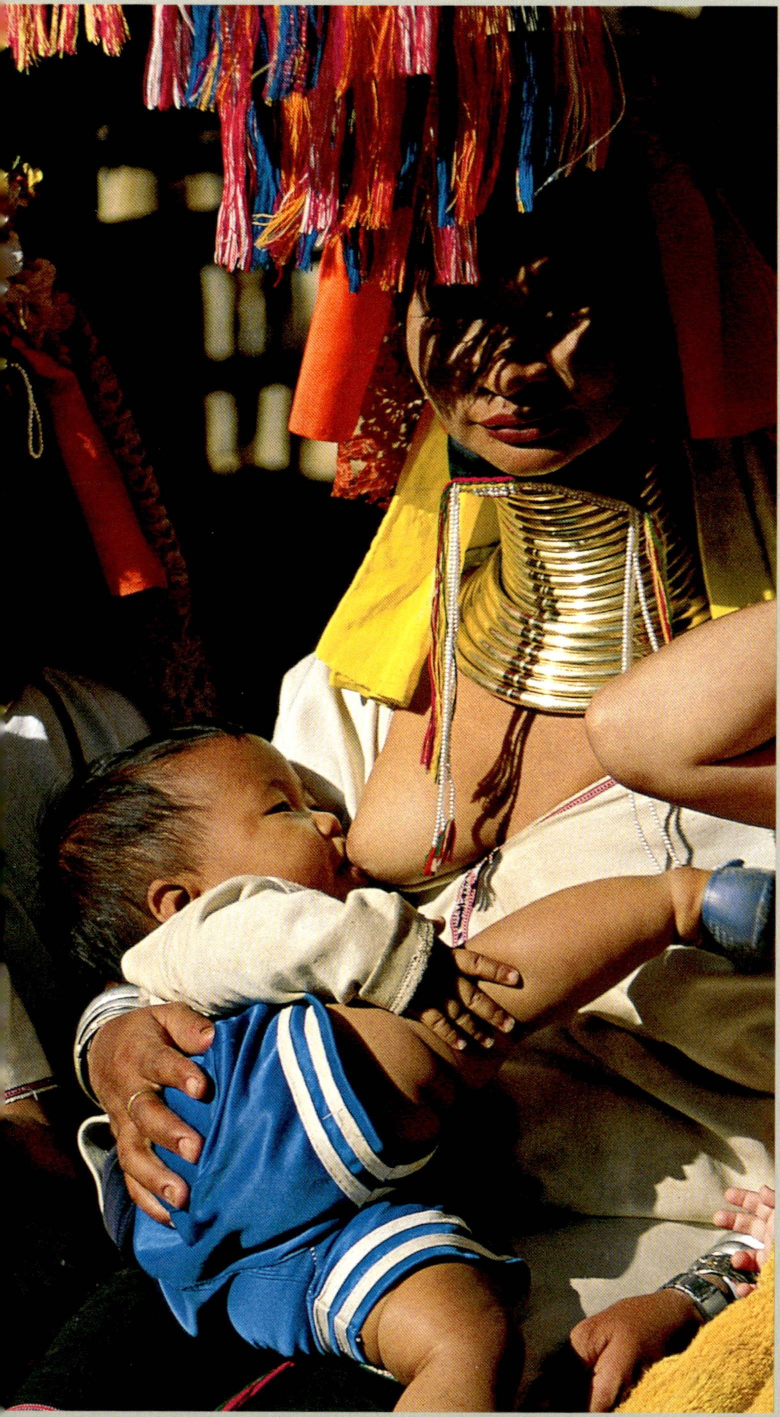

THAILANDS ELEFANTENCAMPS –

ZU BESUCH BEI DEN GRAU

Dreitausend sind noch übrig, viertausend vielleicht, wenn man auch die mitzählt, die in Freiheit leben, im Khao-Yai- und im Kaeng-Krachan-Nationalpark. Drei- oder viertausend nur noch, und in ganz Südostasien bloß noch 50 000, und die Zahlen sind niedriger mit jedem Jahr, in dem neue Statistiken vorgelegt werden: Der Asiatische Elefant („Elephas maximus") steht seit Langem auf der Liste der bedrohten Tierarten. Die ihm zustehende Aufmerksamkeit erhält er kurioserweise aber erst, seit der Tourismus ihn entdeckt hat.

Oben:
Tut auch gar nicht weh: Patient im Elefanten-Krankenhaus bei Lampang.

Mitte:
Als in den tropischen Wäldern noch Edelhölzer geschlagen wurden, waren Elefanten unverzichtbar für die Holzwirtschaft. Mittlerweile haben Bulldozer und industrieller Kahlschlag ihre Arbeitsplätze auf ein Minimum reduziert.

Rechts:
Touristen beim Elefanten-Trekking. Organisationen wie „Friends of the Asian Elephant" protestieren seit langem gegen jegliche Haltung der Tiere.

In Thailand wird der Elefant seit Jahrhunderten wegen seiner religiösen Bedeutung und als Wappentier des Königshauses verehrt. Anders als in Afrika, wo die Jagd nach Elfenbein und eine ungebremste Wilderei für das drastische Schwinden der Populationen verantwortlich waren (mittlerweile haben sich die Bestände längst prächtig erholt; über eine halbe Million Tiere lebt inzwischen wieder auf dem Kontinent), ist der Einbruch in Thailand in erster Linie auf den Verlust von Lebensraum zurückzuführen. 1950 waren noch über 60 Prozent der Landesfläche mit Wald bedeckt – heute sind es nur noch 15 Prozent, Tendenz: fallend. Über die freilebenden Elefanten-Populationen gibt es keine verlässlichen Daten. Tausend sind es wahrscheinlich noch, eher weniger, kaum mehr.

VOM WALDARBEITER ZUR TOURISTENATTRAKTION

Jahrhundertelang wurden Elefanten als Arbeitstiere eingesetzt, zuletzt vor allem in der Holzindustrie. Als dieser in den Achtzigerjahren erhebliche Beschränkungen auferlegt wurden, wurden

EN RIESEN

Oben:
In den „Elephant Training Camps" im Norden Thailands lernen junge Mahouts, wie man auf Elefanten reitet.

Links:
Bad am Ende eines langen Tages: Elefanten und Mahouts erfrischen sich.

Tausende Elefanten „arbeitslos". Die meisten von ihnen trifft man heute als folkloristischen Bestandteil touristischer Produkte wieder: Sie trotten am Hotelstrand auf und ab, spielen in Elefantencamps Fußball auf Kommando oder tragen Urlauber durch die Ruinen von Ayutthaya. 73 offizielle Elefantencamps gibt es mittlerweile. Das bekannteste ist das „Thai Elephant Conservation Center" in Lampang im Norden des Landes, wo man sich um fünfzig Tiere kümmert.

Diese Camps sind nicht unumstritten. Tierschutz-Organisationen wie die „Friends of the Asian Elephant" lehnen die Beschäftigung von Elefanten grundsätzlich ab; es mache keinen Unterschied, ob man sie in der Holzindustrie Stämme ziehen oder sie Urlauber durch den Dschungel schleppen lasse: Tiere seien keine Arbeitsgeräte, über die der Mensch verfügen könne. Immer wieder gibt es Berichte über Misshandlungen in den Camps. Und dass sich Elefanten in Gefangenschaft ebenso wohl fühlen wie in freier Wildbahn – diese Mär haben Wissenschaftler längst widerlegt. Tiere in Camps oder Zoos vermehren sich signifikant seltener; ein Weibchen bekommt dort im Laufe ihres Lebens oft nur ein einziges Mal Nachwuchs, in Freiheit sind es meist acht Jungtiere.

Am Ende muss jeder Urlauber selbst entscheiden, ob er den Tieren mit einem Besuch in einem der Camps wirklich hilft und ob man Unternehmen, die mit Sprüchen wie „Erwerben Sie Ihren Elefanten-Führerschein in Thailand!" werben, wirklich unterstützen muss. Die Ideallösung wäre natürlich, wenn alle Elefanten in Freiheit leben könnten. Doch so viel Natur gibt es nicht mehr in Thailand. Auch mit dem Schicksal seiner Elefanten zahlt das Land den Preis für den Fortschritt.

Oben:
Die meisten Lisu – offiziell über 600 000 – leben in China; in Thailand sind nur etwa 20 000 zu Hause. Berühmte und beliebte Mitbringsel sind ihre farbenfrohen Trachten.

Rechts:
Lisu-Dörfer gibt es vor allem in den nördlichen Provinzen Chiang Mai, Chiang Rai und Mae Hong Son. Die Lisu leben noch nicht sehr lange in Thailand; vermutlich sind die ersten Familien erst zu Beginn des 20. Jahrhunderts eingewandert.

Oben:
Die Lisu in Thailand leben von der Landwirtschaft; sie bauen vor allem Reis, Mais und Sojabohnen an.

Links:
Thailands Mong stammen wahrscheinlich von Völkern des tibetischen Hochplateaus ab. Mit etwa 80 000 Angehörigen und etwa 16 Prozent Anteil sind die Hmong heute nach den Karen die zweitstärkste Gruppe unter den Bergstämmen Thailands. – In den Bergen hat das Opiumrauchen eine lange Tradition.

Oben:
Die Chiang-Dao-Höhlen gehören zu einem Tropfsteinhöhlensystem, das sich zehn Kilometer lang in die Berge bei Chiang Dao erstreckt. Die ersten Höhlen sind gut zu erreichen; wer weiter forschen möchte, sollte das nicht ohne ortskundigen Führer tun.

Rechts:
Manchmal kann Thailand ganz schön herbstlich anmuten: Buddha-Kopf im Garten des Wat Umong bei Chiang Mai.

Seite 76/77:
Das 25 Kilometer südlich Chiang Mai gelegene Lamphun hat eine große Vergangenheit – es war im 8. Jahrhundert Zentrum des Haripunchai-Reiches, der ältesten Hochkultur Nord-Thailands. Das immer noch prächtige Wat Phra That Haripunchai vermittelt eine Ahnung einstigen Glanzes.

Links:
Filigran einstudiert und für den Laien kaum durchschaubar: Khon-Tanz in Chiang Mais Kulturzentrum.

Unten:
Geisterhaus-Werkstatt in Chiang Mai: Weil beim Bau neuer Gebäude nach thailändischer Auffassung ortsansässige Geister ihre Heimat verlieren, müssen sie mit einem neuen Zuhause versöhnt werden. Wird kein Geisterhäuschen aufgestellt, droht Unheil.

Oben:
Hinter dem Wat Suan Dok in Chiang Mai liegt der Friedhof der königlichen Familie. Der letzte Prinz starb 1939 – damals war die einst prächtige Metropole längst nur noch Provinzhauptstadt. Seit den Achtzigerjahren erlebt Chiang Mai eine Renaissance; mittlerweile leben hier wieder über 400 000 Menschen.

Rechts:
Wandgemälde im Wat Phumin, Provinzhauptstadt Nan. Das 1596 erbaute Kloster gehört zu den bedeutendsten architektonischen Schmuckstücken des Landes.

Links:
Aller Anfang ist schwer: Mönchs-Novizen beim Meditationsunterricht.

Unten:
Bis zu Beginn des 20. Jahrhunderts war Nan Hauptstadt eines reichen Fürstentums – an Klöstern wie dem Wat Phra That Chae Haeng kann man den Wohlstand der Stadt noch immer erkennen.

SUKHOTHAI UND AYUTTHAYA –

SIAMS KÖNIGS

Seine Majestät ist besorgt: Thailands Tradition in Gefahr, die historischen Stätten überall im Land gefährdet durch Großbaustellen und Abgase – wenn das so weitergehe, wettert König Bhumibol, dann wehe! Eine komplette Garküche schaut gebannt auf den Bildschirm. Das Klappern der Schüsseln ist verstummt. Hutzelige Alte, hungrige Polizisten und eine Handvoll Kinder haben Löffel und Stäbchen hingelegt, selbst der Reis scheint leiser in den Pfannen zu brutzeln. Der König im Fernsehen! Seine Majestät spricht von Bausünden und Smog. Es riecht nach frischem Koriander, gebratenem Fisch und Kokosnusssuppe. Draußen ragt ein einsamer Chedi in den Nachthimmel Ayutthayas.

Mitte:
Das Wat Doi Suthep war ein bedeutender Tempel des alten Chiang Mai. Die überwiegend aus dem 16. Jahrhundert stammende Anlage gruppiert sich um einen vergoldeten Chedi im burmesischen Stil.

Oben:
Dass König Mengrai 1296 beschloss, eine Stadt in diesem reizvollen Tal im Norden zu gründen und sie zu seinem Regierungssitz zu machen, verdankt Chiang Mai – wie es später genannt wurde – einer sonderbaren Begebenheit: Kundschafter des Königs hatten hier zwei weiße Sambarhirsche, zwei weiße Muntjaks und auch noch sechs weiße Mäuse entdeckt – allesamt Tiere, die in Thailand als Glücksbringer gelten.

Ayutthaya: Das war einmal die prächtigste Metropole Asiens und vielleicht sogar der ganzen Welt. Über vierhundert Jahre lang, von 1350 bis 1767, regierten Siams Gott-Könige ihr Reich aus der sagenumwobenen Tempel- und Handelsstadt. Ayutthaya war Mittelpunkt seines Universums, eine Kreuzung aus Mekka und Manhattan. Eine Million Menschen lebten damals hier – London, sagt man, nahm sich gegen die Pracht Ayutthayas aus wie ein Bauerndorf. Bis die Burmesen kamen. Zwei Jahre dauerte die Belagerung, dann brachen die Wälle. In Ayutthaya blieb kein Stein auf dem anderen. Die Könige kehrten später zwar zurück; ihren alten Glanz jedoch sollte die Stadt nie wieder erlangen.

Und heute? Ist aus der Königsmetropole längst ein Provinzstädtchen geworden. Aber was für eines! Die Stadt mag nach ihrer Zerstörung Jahrzehnte lang als gigantischer Baumarkt für die Paläste und Wats der neuen Hauptstädte hergehalten haben – den Atem verschlägt sie einem immer noch. Dicht gedrängt liegen und stehen hier die prächtigsten Ruinen Thailands mitten in der Stadt. Ayutthaya hat seine Vergangenheit nicht geschluckt, sondern auf selbstverständliche Weise integriert. Nirgendwo sonst in Thailand leben Geschichte und Gegenwart so harmonisch neben- und miteinander wie hier.

TÄDTE

Oben:
Chiang Mais Wat Suan Dok wird auch Blumengarten-Tempel genannt: Er steht auf dem Gelände des alten botanischen Gartens des Königshauses.

Links:
Sukhothai gilt als die Wiege Thailands: Detailansicht des Wat Phra Pai Luang.

Ganz oben:
Ayutthaya ist die prächtigste der alten Königsstädte Siams – eine kaum übersehbare Zahl an Chedis und Tempeln liegt über weite Teile des Stadtgebiets verteilt. Die Statuen vor dem Wat Chai Mong Khon werden seit jeher regelmäßig in orangefarbene Gewänder gehüllt, der Farbe Buddhas.

Wie anders ist da Sukhothai! Goldenes Sukothai, erste Hauptstadt des geeinten Siams! Anders als in Ayutthaya gibt es hier kein direktes Nebeneinander von Alt und Neu, weil zwischen Alt-Sukhothai und Neu-Sukhothai zwölf Kilometer liegen. Deshalb hat man die Ruinen der Königsstadt in einen „Historical Park" umgewandelt. Schon nach wenigen Minuten zwischen den rotbraunen Ziegelbauten hat man die Zeit vergessen. Dann nimmt man nur den schweren Duft des Oleanders wahr, der träge zwischen den Ruinen schwebt. Und das Rauschen des Windes, der um die Ecken der alten Mauern zieht. Leider muss man Sukhothais Ruinenpark bei Einbruch der Dunkelheit verlassen – in Ayutthaya beginnt dann die schönste Zeit des Tages. Vor allem in diesen Minuten, wenn die beleuchteten Prangs und Chedis wie mahnend erhobene Zeigefinger in den Himmel ragen, wenn die verfallenen Mauern der Wats die Tragik ihrer Geschichte ausstrahlen, vor allem dann kann man nachempfinden, wie herrlich diese Stadt einmal gewesen sein muss. Und weshalb König Bhumibol im Fernsehen darauf hinweist, sorgsamer mit den Stätten seiner Vorgänger umzugehen.

Links oben:
Reisbauern bei Nan. – Etwa die Hälfte aller Thais lebt von der Landwirtschaft, mehr als fünf Millionen bauen Reis an.

Links Mitte:
Die Thais sind der größte Reisexporteur weltweit und haben sich auf Jasminreis spezialisiert.

Links unten:
Während normale Reissorten für rund 340 US-Dollar pro Tonne verkauft werden, bringt eine Tonne Jasminreis gut 520 Dollar. Die Sorte mit dem besonderen Aroma macht 90 Prozent der thailändischen Reisexporte in die USA aus, immerhin ein Wert von 120 Millionen Dollar.

Unten:
Grün bis zum Horizont: Felder bei Nan im Norden Thailands.

Oben:
Alles Handarbeit: Frauen an einem traditionellen Webstuhl.

Rechts:
Wer sich für Thai-Textilien interessiert, findet vor allem im Norden des Landes viele kleine Hersteller und eine große Anzahl unterschiedlicher Stoffe und Designs. Früher spiegelten die Muster der Kleidung die Stellung des Trägers in der Gesellschaft wider; heute tragen nur noch wenige die traditionellen Farben.

Links:
Der Norden des Landes gilt traditionell als Zentrum des Kunsthandwerks – Silberschmied bei Pua in der Provinz Nan.

Unten:
Mühevolle Arbeit: Salzgewinnung bei Ban Bor Kluea in der Provinz Nan.

Linke Seite:
Der Doi-Bhuka-Nationalpark liegt über 1000 Meter hoch (und hat Berge mit fast 2000 Metern) – sein relativ kühles Klima ist eine willkommene Abwechslung.

Unten:
Hobby-Ornithologen gilt der Doi-Bhuka-Nationalpark als Geheimtipp – dabei gibt es hier viel mehr seltene Pflanzen- als Vogelarten.

Oben:
Der Wochenmarkt im Grenzort Huay Khon gehört zu den farbenprächtigsten Eindrücken einer Thailandreise – vor allem, weil neben den Thais auch Händler aus Laos und Burma mit ihren Waren kommen.

Rechts:
Laotische Händlerfamilie beim Wochenmarkt im Grenzort Huay Khon.

Grüne Grenze: Während der Markttage fallen die Grenzkontrollen in Huay Khon sehr lässig aus – meistens winken die Grenzer Händler und Käufer einfach durch.

Lebensmittel aus dem benachbarten Laos sind preiswerter als Produkte aus Thailand – die Märkte im Grenzgebiet werden auch von Thais aus der Umgebung besucht, und von Bangkok aus gibt es sogar Busfahrten hierhin.

Oben:
Postkartenstimmung: Abenddämmerung am Mekong in der Isaan-Region. Das Gebiet zählt zu den unberührteren Ecken Thailands – und zu den ärmsten.

Rechts:
Auf der anderen Seite: Junge Laoten am Mekong, dem Grenzfluss zwischen Thailand und Laos. Die Lage zwischen den beiden Staaten ist immer wieder angespannt; meist sind Drogen- oder Flüchtlingsfragen die Ursache.

Oben:
Bananenstauden bei Chiang Khan in der Isaan-Region. Thailand produziert jährlich 1,8 Millionen Tonnen Bananen – die meisten davon für den Eigenbedarf.

Links:
Weil Steine rar sind und Teppiche teuer, wird im Norden Thailands noch viel geflochten. Auf die Art bekommt man Trennwände und Fußmatten fürs Haus.

Seite 92/93:
Die Akha, eine tibetisch-burmesische Volksgruppe, leben im äußersten Norden Thailands. Sie sind Meister in der Verarbeitung von Silber. Mit dem Tragen der prächtig verzierten Haube zeigen die Frauen, dass sie nun zur Welt der Erwachsenen gehören. Die Kleinen haben oft eine Miniaturausgabe auf dem Kopf.

Oben:
Kahl rasierter Schädel und weißes Gewand als Zeichen der Reinheit: Novizen im San Phra Kan in Lopburi.

Rechts:
Einmal im Leben wird fast jeder Thai zum Mönch – und sei es nur für kurze Zeit: Mönchsweihe in einem Tempel in Lopburi.

Oben:
San Phra Kan ist ein ehemaliger Hindu-Schrein in Lopburi. Im 7. und 8. Jahrhundert stand die Stadt unter indischem Einfluss; Spuren davon haben sich bis heute erhalten.

Bilder links:
Sie sind schlau, sie sind dreist, vor allem aber sind sie überall: Die Affen von Lopburi. Die Tiere werden von den Thais verehrt und haben sich zu kleinen Meisterdieben entwickelt, die alles mitnehmen, was nicht schnell genug festgehalten werden kann: Kameras, Sonnenbrillen und Reiseführer inklusive.

ประตู

Linke Seite:
Als der 52 Meter hohe Chedi des Wat Phra That Phanom – der bekannteste buddhistische Tempel des Isaan (dem Nordosten Thailands) – Mitte der Siebzigerjahre bei einem Sturm einstürzte, glaubten viele Bewohner der Gegend an das Ende der Welt. Der Chedi wurde prompt erneuert – und vom König persönlich eingeweiht.

Wat Prasat Phanom Rung war ursprünglich ein Khmer-Tempel, in dem Shiva verehrt wurde. Er steht auf der Spitze eines erloschenen Vulkans und ist für seine außergewöhnlich detailreichen Kunstwerke bekannt. Die Anlage stammt aus dem frühen 12. Jahrhundert.

Immer gut besucht: Treppe zum Wat Prasat Phanom Rung.

Seite 98/99:
Die Tempelstadt Phimai wurde wahrscheinlich im 8. Jahrhundert errichtet und war während der Khmer-Herrschaft über eine 250 Kilometer lange Straße mit Angkor im heutigen Kambodscha verbunden. Die Tempelanlage in Phimai gilt als architektonisches Vorbild für Angkor Wat.

KAUTSCHUK UND KOKOSNUSS – DER SÜDEN

Der Süden des Landes – ein schmaler Streifen zwischen Chumphon an der Ostküste bis hinunter zur Grenze mit Malaysia – ist ein anderes Thailand. Über 500 Jahre ihrer Geschichte hatte die Region enge Beziehungen mit den Dynastien im heutigen Indonesien und Malaysia, und auch heute noch verbindet Thailands Süden mehr mit Kuala Lumpur und Jakarta als mit Bangkok. Die Menschen hier kleiden sich anders, sie essen andere Gerichte und bauen andere Häuser, sie reden anders und beten nicht zu Buddha, sondern zu Allah. „Thai pak thai" nennen die Thais die Bewohner der 14 Südprovinzen, „die südlichen Thais". Eigentlich sind sie ethnische Malaien.

Typische Felsenküste bei Krabi. In den zahlreichen Grotten und Höhlen haben vermutlich schon vor über 25 000 Jahren Menschen gewohnt.

KRIEG IM PARADIES

Lange Zeit war das Verhältnis zwischen Mehr- und Minderheit lediglich gespannt, seit ein paar Jahren aber eskalieren die Gegensätze in immer schlimmeren Unruhen mit vielen Toten – die Schwelle zum Bürgerkrieg scheint im tiefsten Süden Thailands oft schon überschritten. Betroffen sind vor allem die mehrheitlich von malaiischen Muslimen bewohnten Provinzen Pattani, Yala, Narathiwat, Songkhla und Satun, wo gewalttätige Separatisten für eine Loslösung der mehrheitlich muslimischen Provinzen Thailands und die Gründung eines eigenständigen Staats bomben. Offensichtlich stecken teils religiöse, vor allem aber auch wirtschaftliche Gründe hinter dem Blutvergießen. Thailands Südprovinzen gehören zu jenen Landesregionen, in denen der ökonomische Fortschritt nur sehr langsam zu besseren Lebensbedingungen führt. Dabei ist der Süden wesentlich wohlhabender als der Norden – die Einkommensverteilung aber ist hier sehr ungleich: Die Thai-Mehrheit der Bevölkerung (und vor allem die chinesischstämmigen Einwohner) verfügen über ein deutlich höheres Pro-Kopf-Einkommen als die Angehörigen der muslimisch-malaiischen Minderheit. Und Bangkoks Politik der äußerst harten Hand hat in den vergangenen Jahren auch nicht dazu beigetragen, die Lage zu

Thailands Antwort auf Kopenhagen: Meerjungfrau (mit Mönch) am Hat Samila Beach in Songkhla.

entspannen. Für den Thailand-Reisenden sind das schlechte Nachrichten: Das Auswärtige Amt rät bereits seit einigen Jahren vom Besuch der südlichsten Provinzen des Landes ab.

Eine schöne Alternative für alle, die das Land doch bis in seinen letzten Zipfel erfahren möchten, ist deshalb die Fahrt mit dem Orient Express. Der verkehrt zwischen Bangkok und Singapur und lässt mit seinen livrierten Kellnern, den edlen Abteilen, leider aber auch mit seinen fürstlichen Ticketpreisen eine Ära auferstehen, in der Reisen noch eine ziemlich luxuriöse Angelegenheit war. Wer weniger ausgeben kann oder möchte, kann die Strecke auch mit der normalen Bahn zurücklegen. Empfehlenswert ist diese Art des Reisens sowieso: In der klimatisierten Zweiten (und natürlich auch der Ersten) Klasse ist Bahnfahren in Thailand eine angenehme und komfortable Art, größere Strecken zurückzulegen. Vor allem, wenn man in Mietwagen, Bus oder Taxi bei jedem Überholmanöver Schweißausbrüche bekommt.

KÖNIGLICHE SOMMERRESIDENZ

Wer von Bangkok aus nach Süden fährt, erlebt, wie sich Menschen und Landschaften immer stärker verändern. Das beginnt schon in Hua Hin, dem Lieblingsbadespot der Thais (die das von Westlern okkupierte Pattaya meiden), 230 Kilometer von der Hauptstadt entfernt und unendlich viel gelassener. Hua Hin war einst die Sommerresidenz des thailändischen Königshauses, hier trafen sich der Adel zum Golf und die Hofschranzen zum Intrigieren. Seinen herrschaftlichen Glanz hat das Seebad längst verloren – ein netter Ort für ein, zwei Tage aber ist es noch immer.

Hua Hin und, weiter südlich, Surat Thani sind die beiden letzten touristischen Orte entlang der Ostküste, anschließend wird es ruhiger und leerer, bis man selbst an langgezogenen Stränden kaum noch Menschen sieht. Stattdessen entdeckt man Kautschukplantagen und noch mehr Kautschukplantagen; Gummi bildet zusammen mit Zinn und Kokosnussprodukten das wirtschaftliche Rückgrat des Südens. Ansonsten wird hier jeder vom Meer versorgt, das auch im Landesinnern nie weiter als zehn, zwanzig Kilometer entfernt ist, zu der einen oder zu der anderen Seite.

Der geografisch in die Länge gezogene Süden Thailands hat auch für Urlauber Vorteile: Wenn der Monsun die Reise zu verwässern droht, wechselt man einfach von der einen Küste hinüber zur anderen – und hat dort in der Regel wieder Sonne. An der Andamanensee hat sich Krabi zum touristischen Dreh- und Angelpunkt einer Region gemausert, die vor allem durch ihre langen, weiten Strände populär geworden ist. Beliebt ist diese Ecke Thailands aber auch wegen ihrer Vielseitigkeit: Wer sich auf dem Festland langweilt, kann von hier eine Vielzahl kleiner Inseln erreichen.

Am Felsentempel Wat Tham Suea in der Nähe des Strands Phra Nang bei Krabi. – Krabi ist für seine Kalksteinhöhlen berühmt, die man im Inselinnern, aber auch entlang der Küste findet. In einigen dieser Höhlen befinden sich Schreine, in denen Fischer Opfergaben hinterlegen, bevor sie in See stechen.

Links:
Höhlen gibt es fast überall an Thailands Küsten – und wo Höhlen sind, gibt es auch meistens die Möglichkeit einer Höhlentour: „Sea Cave" bei Huai Yot, Trang.

Ganz links:
Der Felsentempel Wat Tham Suea liegt in einem von Kalksteinfelsen umgebenen Dschungeltal bei Krabi. Im großen Gebetsraum sitzen die Mönche beisammen.

Oben:
Hua Hin ist ein beliebter Badeort an der Westküste des Golfs von Thailand und seit 1922 Sommerfrische der Königsfamilie (wenn man bei den ortsüblichen Temperaturen von „Frische" sprechen möchte …).

Rechts:
Fischer im Hafen von Hua Hin. Die Fischerei ist noch immer ein wichtiger Erwerbszweig in Thailand – auch wenn die Bestände vor vielen Küstenabschnitten immer geringer werden. Jahrelange Überfischung sowie der gedankenlose Einsatz von Dynamit hat zu teilweise völlig leeren Gewässern geführt; wer heute seinen Lebensunterhalt mit dem Fang bestreiten möchte, muss meistens weit hinaus aufs offene Meer fahren.

Links:
Thailands König kommt noch immer nach Hua Hin. – Aus dem Fischerdorf ist mittlerweile ein trubeliges 40 000-Einwohner-Städtchen geworden.

Unten:
Als seine Ärzte dem damaligen Herrscher Rama VI. 1923 rieten, Bangkok aus gesundheitlichen Gründen für einige Monate zu verlassen, ließ er in Hua Hin einen Sommerpalast erbauen. Und einen großen Bahnhof gab es dann natürlich auch bald.

Oben:
Auch das beschauliche Cha-Am hat seinen Sommerpalast. Direkt am Strand. Direkt am Meer. Und mit einem zungenbrecherischen Namen versehen: Phra Ratchaniwet Marukkhathaiyawan.

Rechts:
Luftiges Gebilde: An sonnigen Tagen zaubert die durchlässige Holzbauweise Schattenspiele auf die Veranden und Korridore des Sommerpalastes in Cha-Am. Rama VI. ließ ihn in den 1920ern errichten.

Oben:
Tempel mit Aussicht: Wat Thang Sai bei Ban Krut, 300 Kilometer südlich von Bangkok. Wie andere kleine Orte in der Region ist auch Ban Krud bislang vom Massentourismus verschont geblieben.

Links:
Vergoldete Buddha-Statuen leiden unter der salzhaltigen Luft der Küste – und müssen deshalb regelmäßig restauriert werden, wie hier eine Statue im Wat Thang Sai bei Ban Krud.

Seite 108/109:
Das sind keine kunstvoll verzierten Teigfladen – das sind Schattenspieltafeln aus Büffel-leder. Beim „nang yai", dem traditionellen thailändischen Schattenspiel, werden diese sorgfältig gestalteten Figuren an zwei Stäben vor einer beleuchteten, weißen Leinwand bewegt, begleitet von Chor und Orchester. Die Handlung? Meistens werden Passagen aus klassischen Erzählungen nachgestellt.

Rechte Seite:
Bevor die Touristen die Insel entdeckten, lebte Ko Samui von seinen Kokosnüssen – und es lebte schon damals ziemlich gut. Auch heute, wo der Tourismus mehr einbringt als Kokosnussplantagen, sind die Nüsse ein wichtiger Wirtschaftszweig: Jede der etwa drei Millionen Palmen der Insel produziert jährlich 70 bis 75 Stück.

So sehen thailändische Hotelanlagen aus, bevor sie von großen Reiseunternehmen unter Vertrag genommen werden: Das in einem Palmenhain versteckte „Baan Klang Aow Beach Resort" liegt direkt am Strand von Ban Krut.

Sie nennen sich selber Mani oder Manik, was soviel wie „wir" bedeutet (im Unterschied zu denen, die sie Hami oder Hamik nennen, was soviel wie „ihr" bedeutet), werden in Thailand aber als Sakai bezeichnet – das Wort bedeutet Sklave.

Schätzungen zufolge leben nur noch maximal 150 dieser südostasiatischen Aborigines in Thailand; die 20 bis 30 Mani-Familien wohnen in kleinen Dörfern im Banthat-Gebirge. Ihren Lebensunterhalt verdienen sie mit schwerer und schlecht bezahlter Arbeit auf Kautschukplantagen.

Seite 114/115:
Wat Tham Suea in den Kalksteinbergen bei Krabi gilt als eines der bedeutendsten buddhistischen Meditationszentren Südostasiens. Der charismatische Abt des Klosters, Ajaan Jamnien Silasettho, genießt bei vielen Pilgern einen gottähnlichen Status; eine Wachskopie von ihm ist in einem Glaskasten ausgestellt (ein Schild weist die Figur sicherheitshalber als „not real man" aus).

„CHILI IST THAI, UND THAI IST CHILI“ –
SCHARFE GAUMENF

Rechts:
Abendessen unter freiem Himmel: „Speisesaal“ des „Seafood Grill & Restaurant“ an Ko Samuis Chaweng Beach. So ruhig wie auf diesem Foto ist es in wenigen Minuten dann nicht mehr.

Mitte:
Es schmeckt nicht nur hervorragend – es sieht in vielen Fällen auch noch aus wie etwas, das eigentlich in ein Museum gehört: Essen in Thailand.

Unten:
Alles frisch: Die klassische Tom-Yam-Gung-Suppe gehört zu den Standards der Thai-Küche und wird immer frisch zubereitet.

Das hier gleich mal vorneweg: Selbst wenn Thailand in arktischen Breitengraden liegen würde, wenn es kein Meer gäbe und keinen Strand und keine einzige Palme, selbst wenn das Land bevölkert wäre von den unfreundlichsten Menschen überhaupt – man müsste dennoch hierhin fahren. Um zu essen. Zu genießen. Der Küche wegen.

Okay: möglicherweise gibt es Ausnahmen. Menschen, die keine Schärfe mögen, werden mit der Kochkunst der Thais ihre Schwierigkeiten haben. Thai-Gerichte sind berühmt für ihren hohen Chili-Anteil, sie veranstalten kleine pyrotechnische Kunststücke auf der Zunge und lassen Ahnungslose nach Luft schnappen. Ein Thai vermag sich ein Leben ohne Chilis nicht vorzustellen: „Chili ist Thai, und Thai ist Chili“, sagt man hier. Und meint es auch.

Scharf muss es also sein, das Essen in Thailand, und seine Zutaten vor allem frisch. Es ist absolut üblich, dass eine thailändische Hausfrau viermal täglich zum Markt eilt, um ja immer die knackigsten Zutaten zu haben. Viel zu zeitaufwändig? Dafür dauert die Zubereitung ja nicht lange! Vatcharin Bhumichitr, der berühmteste Koch des Landes, verkündet zu jeder passenden Gelegenheit, dass kein gutes Thaigericht länger als 8 bis 12 Minuten Zeit benötige – jeder weitere Aufwand mache es nicht besser, sondern eher schlechter. Außerdem haben Thais viel zu viel Spaß beim Essen mit der Familie oder Freunden,

REUDEN

als dass sie wertvolle Zeit am Wok verbringen wollten. Essen ist ein wichtiger Bestandteil des thailändischen Alltags, Lebens, Daseins und – ja, doch – ein Pfeiler der nationalen Identität.

GROSSE VIELFALT UND FRISCHE ZUTATEN

Dementsprechend wichtig ist das Essen im Tagesablauf. Lange Menüfolgen sind selten, große Portionen ebenso – der Thai liebt seine Küche derart heiß und innig, dass er sie möglichst oft und möglichst vielfältig haben möchte, lieber isst er sieben oder neun Mal am Tag kleine Portionen als zweimal eine große. Typische Essenszeiten existieren genauso wenig wie klare Vorstellungen davon, wann was zu essen ist. Nur eine fixe Regel scheint es zu geben: Mindestens einmal täglich muss es Reis („khao") geben, sonst fühlt sich der Thai offensichtlich nicht wohl. „Plaa" (Fisch) taucht als „naam plaa" (Fischsauce) in so gut wie jedem Gericht auf; Thailands Seafood wird gegart und niemals frittiert. Hühnchen („kai"), Rind- oder Schweinefleisch („neua" beziehungsweise „muu"), werden in der Regel zusammen mit knackig zubereitetem Gemüse in verschiedenen Saucen oder als Currys („kaeng") serviert.

Und wo isst man? Überall. Da der Thai öfter im Restaurant als zu Hause am Tisch sitzt, ist das Angebot selbst im kleinsten Ort überwältigend. Und weil er einen untalentierten Koch meiden würde wie der Teufel das Weihwasser, schmeckt es überall klasse. Am typischsten isst man übrigens auf der Straße, Dort gibt es „phat thai", das thailändischste aller Thaigerichte: dünne Reisnudeln im Wok mit Tofu, Ei und einer Portion getrockneter Shrimps angebraten, fertig in drei oder vier Minuten. Und für umgerechnet einen halben Euro ganz schön viel Thailand.

Oben:
Und ... fertig! Bedienungen im „Drop in" Seafood Restaurant auf Ko Samui präsentieren einen Hauptgang. Doch, das schafft man.

Oben links:
Zu (fast) jeder thailändischen Mahlzeit gehören Frühlingsröllchen, und um die zu wickeln, benötigt man Reispapier. Zu dessen Herstellung wird die Reismasse ausgerollt; das hauchdünne „Papier" wird anschließend auf speziellen Trägern in der Sonne getrocknet.

Ganz oben:
Nichts, was es nicht gibt: Köche eines Seafood-Restaurants mit kleinem Hai und anderen Geschöpfen des Meeres auf Eis.

Oben:
Gerne auch mal zwischendurch: Thais halten sich nur ungern an die drei Hauptmahlzeiten. Dafür schmeckt es hier auch viel zu gut.

Rechts:
Bunt bemalt, um Wassergeister abzuschrecken und Fische anzulocken: Boote am Kap Kao Saeng.

Oben:
Land des Lächelns, Land der Früchte: Melonenstand auf Krabi. Obst gehört zu jedem Thai-Essen; meistens wird es zum Dessert gereicht.

Links:
Fischer in Ban Krud. Was gerade eben noch im Meer schwamm, wird jetzt gleich verkauft. Und innerhalb der nächsten ein, zwei Stunden wahrscheinlich in einem Restaurant serviert.

Seite 120/121:
Die Phang-Nga-Bucht kennt man von Werbekampagnen, Kalenderblättern und natürlich aus „Der Mann mit dem goldenen Colt". Mit den Jahren ist die „James Bond Island" bei Phuket die klassische Touristenfalle der Region geworden – Dutzende Reisebusse täglich setzen ihre Passagiere an einem winzigen Strand ab, wo sie augenblicklich von einer Legion fliegender Händler umringt werden. 007, helfen Sie!

Oben:
Auch heute noch sind zahlreiche Dörfer Thailands nur mit dem Boot zu erreichen, wie dieser Stelzen-Ort auf Ko Panyi.

Rechts:
Schattige Überfahrt: Passagiere eines Longtail-Taxis in der Phang-Nga-Bucht.

Oben:
Surreale Felsen: Wind und Wasser haben den Kalkstein der Phang-Nga-Bucht über Jahrtausende bearbeitet – und bizarre Felsformationen geschaffen.

Links:
Im Inselgewirr der Westküste ist das Wasser oft spiegelglatt – und wunderbar geeignet für Entdeckungsfahrten mit dem Kajak. Hier geht es zu den Kalksteinfelsen in der Phang-Nga-Bucht.

Links:
Thailand und seine Boote: Ohne die Longtails („Langschweife“) wäre der Alltag in diesem Land nicht vorstellbar. Longtails werden zum Transport von Waren und Menschen eingesetzt, sie sind Wassertaxi, Krankenwagen und Mönchsfahrzeug, und oft genug auch kleine Kunstwerke, mit detaillierten Schnitzereien in allen Farben des Regenbogens.

Ganz oben:
Landgang: Wer mit einem Longtail unterwegs ist, bekommt nasse Füße und Beine. Was in der Regel nicht schlimm ist, weil die Wassertemperatur durchschnittlich 25 Grad und mehr beträgt.

Oben:
Von wegen das ist nur was für Touristen: Junge Thailänderinnen am Tham Phra Nang Beach, Provinz Krabi.

FAST ZU SCHÖN, UM WAHR ZU SEIN – THAILANDS TRAUM-INSELN

Auch wenn man heute fast immer an seine Inseln denkt, wenn einem das Land in den Sinn kommt: Thailand war nie eine Inselnation. Macht und Reichtum des Staates lagen von jeher auf dem Festland, die alten Königsstädte ruhten tief im Landesinnern, erst mit Bangkok verlagerte Siam seinen Machtschwerpunkt ans Meer. Natürlich hatten sich auf einigen Eilanden mit der Zeit einzelne Wirtschaftszweige etabliert (Kokosnüsse auf Ko Samui, Kautschuk auf Phuket) – ansonsten aber waren Thailands Inseln bis in die Sechzigerjahre des vergangenen Jahrhunderts Vorposten im Meer und nicht viel mehr. Dann aber kam der Tourismus, und alles war anders. Plötzlich musste sich ein Land, das bisher als

Phukets Karon Beach gehört zu den berühmtesten Stränden Thailands – ein langgezogener, beinahe weißer Streifen Sand mit dem Meer dahinter.

eher exotisches Kulturreiseziel galt, über die Länge seiner Inselstrände und deren Wasserqualität definieren lassen. Thailand, das war auf einmal Ko Samui und Ko Pha Ngan, Krabi und Phuket und Ko Phi Phi.

Ko bedeutet Insel, und Ko Phuket ist Thailands größte. Vielen war sie lange Zeit nur als Pauschaldestination mit mittlerweile leicht lädiertem Image bekannt, Phuket aber bot schon immer mehr: Inder, Chinesen, Holländer, alle haben hier ihre architektonischen (und kulinarischen!) Spuren hinterlassen. Und weil die Insel seit Jahrhunderten Neuankömmlinge gewohnt war und sie gut integriert hatte, schaffte sie das auch, als seit Ende der Achtzigerjahre immer mehr von denen hier anrückten. Selbst seitdem zehnmal so viele Touristen anreisten wie Phuket Einwohner hatte, gelang es der Insel immer irgendwie, sich ihren Charme zu bewahren.

Dann kam der zweite Weihnachtstag 2004, und die Welle, und die Zerstörung. Neben Banda Aceh in Indonesien und Sri Lanka wurde keine andere Region Asiens so brutal vom Tsunami getroffen wie Phuket und das benachbarte Khao Lak; Schätzungen zufolge kamen hier 8000 bis 10 000 Menschen ums Leben. Erstaunlich schnell haben die Thais die zerstörten Regionen entlang ihrer Ostküste wieder aufgebaut, und auch auf Phuket

Seite 130/131:
Ah, Thailand! Der Himmel blau, das Wasser türkis … und praktischerweise liegen da vorne dann auch gleich Boote für die Schnorcheltour. Oder den Ausflug zum einsamen Strand auf einer vorgelagerten Insel: Phukets Karon Beach.

Der Ang-Thong-Marine-Nationalpark besteht aus viel Wasser – und 42 Inseln und Inselchen. Ko Wua Ta Lap ist eine der größeren.

Land in Sicht! Ausflugsboot im Insellabyrinth des Ang-Thong-Nationalparks. Im Jahr kommen etwa 60 000 Besucher.

lassen sich Spuren der Tragödie rein äußerlich kaum noch finden. Die Narben des Tsunamis sitzen tiefer. In den Menschen. In den Seelen.

Zwei Bootsstunden entfernt liegen die Phi-Phi-Inseln, und auf sie trifft das gleiche zu. Früher waren die Inseln als Drehort für James Bond und die Hollywood-Version von „The Beach“ berühmt, nach dem Tsunami für das Ausmaß der Zerstörung in Thailand. Nach dem Wiederaufbau schicken sie sich nun an, Vorzeigeprodukte eines umweltverträglichen Tourismus zu werden. Die Fehler von gestern wollen Hotelketten und die örtliche Verwaltung jedenfalls vermeiden. Wenn das gelingt, werden die Phi-Phi-Inseln bald wieder für ihre außergewöhnliche landschaftliche Schönheit berühmt sein, und für nichts anderes.

Und im Osten? Liegt zum Beispiel Ko Samui, Thailands berühmteste Insel. Ko Samui ist einer jener Orte, an denen einem ältere Reisende gerne erzählen, man komme zwanzig Jahre zu spät, mindestens. Mag sein. Trotzdem hat Ko Samui noch immer alles, was eine Badeinsel braucht, lange Strände, Natur, eine gute Hotellerie, eine fantastische regionale Küche. Wer es ursprünglicher haben möchte, kann immer noch weiterziehen auf die Nachbarinsel Ko Pha Ngan.

Oder auf eines der kleinen Eilande. Und noch weiter im Osten, Richtung kambodschanische Grenze, sind Ko Samet und Ko Chang dabei, zu neuen Trend-Destinationen zu werden.

INTAKTESTER REGENWALD SÜDOSTASIENS

Ko Chang sieht vom Festland aus wie ein dösender Drache mit gezacktem Rückenkamm. Die Insel ist ziemlich groß, 30 Kilometer lang und dreizehn breit, und sie besteht beinahe ausschließlich aus Dschungel. „Der intakteste Regenwald ganz Südostasiens", schwärmt der Reiseführer, was man schlecht nachprüfen kann – der intakteste Regenwald ganz Südostasiens ist zu dicht dazu. An einigen Stellen führen Pfade in das Grün hinein, über die man zu den Wasserfällen kraxeln kann, für die Ko Chang berühmt ist. Ansonsten: Dschungel. Überall Dschungel.

Da kommt einem Ko Samet anschließend wahrscheinlich ziemlich rummelig vor – was daran liegen mag, dass man am Hat Sai Keow gelandet ist, dem Hauptstrand der Insel. Das wahre Ko Samet beginnt ein paar Hundert Meter weiter. Schon in der nächsten Halbmond-Bucht ist es ruhiger. In der übernächsten liegen fünf Leute im Sand. Die vierte ist menschenleer. Man setzt sich in eine kleine Strandbar, bestellt Bier und ein Krabbencurry. Und irgendwann passiert dann, was immer passiert, wenn man auf einer thailändischen Insel unterwegs ist. Jenen Hirnabschnitt, der in diesen Momenten seine mahnende „Aber-Du-kannst-doch-nicht-nur ..."-Litanei anstimmt, bringt man mit einem energischen „Doch, kann ich!" zum Schweigen. Kann man sogar problemlos: Einfach nur hier sitzen und den Möwen zuschauen. Später am Strand spazieren gehen. Eine Muschel aufheben, und dann noch eine. Ein Restaurant für den Abend suchen und das Frühstück planen und den nächsten Nichtstun-Tag und den übernächsten. Und später – am liebsten erst viel, viel später – wieder nach Hause fliegen. Aus diesem Land, in dem die Zeiten parallel existieren. Womit man dann leider ganz schnell wieder in der Gegenwart angekommen sein wird.

Ganz unten:
Schöner wohnen: Baumhaus im Khao-Sok-Nationalpark. Das Schutzgebiet in der Nähe von Khao Lak ist 730 Quadratkilometer groß.

Unten:
Kokosnüsse erfordern viel Arbeit: Bevor sie auf den Markt kommen, muss beispielsweise die braune, haarige, äußere Schale entfernt werden. Die Reste werden anschließend verbrannt.

BOAT SERVICE
KL.20
FON UA

Seite 130/131:
Ah, Thailand! Der Himmel blau, das Wasser türkis … und praktischerweise liegen da vorne dann auch gleich Boote für die Schnorcheltour. Oder den Ausflug zum einsamen Strand auf einer vorgelagerten Insel: Phukets Karon Beach.

Rechts:
Und jetzt bitte hoch hinauf: Junge Männer mit Segel an Phukets Patong Beach. Weil solche Parasails von laut knatternden Motorbooten gezogen werden, sind sie an vielen Stränden Thailands umstritten.

Unten:
Manchmal werben Restaurants ja ungerechtfertigterweise mit Sätzen wie „Speisen Sie direkt am Meer!“, und wenn man dann sitzt, ist die Küste 500 Meter weit entfernt. Bei diesem kleinen Lokal auf Phuket ist das nicht so. Überhaupt nicht.

Oben:
Wenn einem der Trubel auf Phuket zu viel wird, warten da draußen ruhigere Inseln: Ko Raya Yai zum Beispiel, mit langen, leeren Stränden.

Links:
Schon ziemlich dicht gestaffelt, aber noch immer mit viel mehr Freiraum als auf Mallorca, Ibiza oder Rügen: Liegestühle an Phukets Karon Beach.

Phuket kennen viele nur als Bade- und Stranddestination – dass auf der Insel fast 70 000 Menschen leben, ist oft ebenso wenig bekannt wie die Tatsache, dass Phuket über Jahrhunderte lang ein bedeutendes Handelszentrum war, das auf den Routen arabischer, indischer, malaiischer, chinesischer und portugiesischer Schiffe lag. Bis auf die Chinesen (heute noch eine starke Minderheit auf der Insel) sind alle im Dunkel der Geschichte verschwunden – der Trubel in Phuket Town erinnert aber noch manchmal an die vergangenen Zeiten.

CITY HOTEL

Bel-Air
MANSION
NARRY'S
INN
NARRY'S
BOUTIQUE
Dr.
LISA'S
PAT TRADES & TRAVELS
WATTANA
PAT TRAVELS
RISTORANTE-ITALIANO
RENATO & VALERIO
VERA-PIZZA-ITALIANA
SCANDINAVIAN RESTAURANT
GUESTHOUSE
Scuba Cat
BIG
MASSCHNEIDER
OPEN 10.00 AM.-11.00 PM
PATONG TUK TUK CLUB

Linke Seite:
Doch, das ist ein Hotelpool. Der des Plub Pla Resorts auf Phuket. Und einer, den es bestimmt auch auf Postkarten an der Rezeption gibt. Die kann man dann prima ins Büro schicken.

Links:
Frühstück mit Aussicht: Terrasse des „Marina Cottage" am Karon Beach auf Phuket.

Ganz links und links:
Viele Resorts in Thailand sind so bezaubernd, dass man beinahe vergessen könnte, an den Strand zu gehen – erst recht, wenn es auch noch einen Pool gibt.

Seite 138/139:
Sehen aus wie von den Fischern fürs Foto hingelegt, die Longtails in der Maya Bay von Ko Phi Phi Lay. Wir schätzen mal: Sie sind es auch.

Oben:
Traumstrand: Nach dem Chaweng Beach ist Hat Lamai der beliebteste Strand auf Ko Samui. Felsen liegen nur an den beiden Enden des Strandstreifens – dazwischen: nichts als feiner, weißer Sand.

Rechts:
Wenn hier gebaut werden dürfte, wären die Grundstückspreise wahrscheinlich astronomisch. Weswegen dieser Aussichtspunkt auf Ko Samui dann auch „Beverly Hills" heißt.

Oben:
In anderen Weltregionen müsste man für so etwas ein kleines Vermögen hinblättern, in Thailand bekommt man Strand, Palmen und ein kühles Bier immer noch zu erschwinglichen Preisen.

Links:
Ja, doch, das gibt es wirklich – und nicht nur auf Postkarten: Boot an Ko Samuis Chaweng Beach. Und nein: Die Wasserfarbe wurde nicht am Computer manipuliert. Die ist so.

Unten:
Bilderbuch-Bucht: Ko Raya Yai bei Phuket entspricht mehr als die meisten Inseln dem Klischee eines tropischen Eilands. Bekannt ist die Insel hauptsächlich unter Seglern. Etwa 120 Fischer leben hier.

Rechts oben:
Warten auf den Sonnenbrand: Strandbesucher an Ko Samuis Chaweng Beach.

Rechts Mitte:
Und dann lesen wir mal endlich alles, was wir schon immer lesen wollten ... Wenn man die mitgebrachten Bücher durch hat, kann man sie in beinahe jedem Urlauberhotel Thailands gegen andere tauschen – und anschließend schnell zurück an den Strand.

Rechts unten:
Die (manchmal) nicht so angenehmen Seiten eines Strandurlaubs: Vor allem an Ko Samuis Chaweng Beach fühlen sich Urlauber manchmal umzingelt von fliegenden Händlern.

พระพุทธสันติทีปนาถ

Linke Seite:
Der Wat Phra Yai auf Ko Samui wird auch als „Big Buddha Temple" bezeichnet. Die zwölf Meter hohe Statue wurde 1972 errichtet.

Mönche auf der Urlaubsinsel: Bevor es ein beinahe reines Urlaubs-Eiland wurde, war Ko Samui eine ganz normale Insel. Wenn die Wats mal wieder von Touristenmassen in Shorts und Bikinitops besucht werden (was fast täglich der Fall ist), suchen ihre Mönche Ruhe und Stille am Meer.

Die mumifizierte Leiche eines Mönches im Wat Khunaraam auf Ko Samui ist das Ziel vieler Pilger. Der Mann verstarb in den Siebzigern; der Leichnam verfiel nicht.

AUF DEM WEG ZUR ERLEUCHTUNG –
BUDDHISMUS IN THA

Rechts:
Zu den Hauptbeschäftigungen thailändischer Mönche gehören Meditation und das Studieren religiöser Schriften. Um die Lehren Buddhas zu verbreiten, fertigen viele Mönche Abschriften, Zusammenfassungen und eigene Variationen an.

Mitte:
Lernen aus den Lehren Buddhas: Novizen in der Klosterschule des Phra That Chang Kam in Nan.

Sie kommen bei Sonnenaufgang, und sie kommen in langen, geduldigen Reihen, ihre Holzgefäße in den Händen. Überall in Thailand beginnt der neue Tag mit der bedächtigen Prozession der Mönche, die zuerst die Spenden und anschließend den tiefen Wai der Gläubigen entgegennehmen. In den Dörfern lassen die Bewohner ihre Arbeit ruhen und eilen in Küche und Vorratskammer, um den Dienern Buddhas Nudeln und Eier zu holen. Auf den Klongs halten Longtail-Kapitäne ihre Boote an, um langsam rudernden Mönchen ein paar Scheine zuzustecken. Und am Marmortempel in der Hauptstadt fahren Luxuslimousinen mit verspiegelten Scheiben vor: Kofferräume werden geöffnet, Reis mit Kellen geschöpft, Gemüse und Saucen im Gefrierbeutel dazugegeben. Vom allmorgendlichen, landesweiten Benefizfrühstück profitieren nicht nur die Mönche: Nach buddhistischer Vorstellung erwerben sich die Spender auf diese Weise Verdienste. Und Verdienste sind wichtig auf dem Weg ins nächste Leben.

LEBEN NACH DEN VIER WEISHEITEN

Der Buddhismus kam wahrscheinlich im 5. Jahrhundert nach Thailand, in Form der Theravada-Richtung, der „Schule der Älteren". Im Unterschied zur Mahayana-Richtung, der anderen großen Spielart des Buddhismus, lehrt die Theravada-Schule, dass eine Befreiung aus dem Leiden des Daseins nur aus eigener Kraft erlangt werden kann. Dazu muss der Gläubige (sehr verkürzt und sehr vereinfacht gesagt) vor allem die sogenannten Vier Weisheiten verinnerlichen, nach denen – erstens – alles Sein dem Leiden unterworfen ist und alles Leid – zweitens – aus dem Begehren entsteht. Erst wenn dieses Begehren erlischt, endet – drittens – das Leid. Weshalb es – viertens – unabdingbar ist, dass der Mensch sich

AND

von allem Weltlichen trennen und von der Welt lösen muss. Dann, so die Lehre, kann er aus dem Kreislauf der Wiedergeburten ausbrechen. In letzter Konsequenz erlangt er so Eintritt ins Nirwana, den letzten Zustand allen Seins.

Der Weg dorthin kann durch rechtes Handeln beschleunigt werden: Gläubige Thais unterstützen Klöster, helfen beim Bau eines Tempels oder befreien mit einer Geldspende gefangene Vögel aus ihren Käfigen (was die Händler allerdings nicht daran hindert, die gleichen Vögel prompt wieder einzufangen und dem Nächsten zur Befreiung anzubieten). Mönche beschäftigen sich nicht nur mit dem Studium buddhistischer Schriften, sondern lehren auch ihre Umsetzung; vor allem im ländlichen Thailand sind sie gleichzeitig Lehrer, Ratgeber und Vermittler bei Streitigkeiten. Und natürlich hilft auch die Meditation auf dem Weg zur Erleuchtung: Wer still sitzt, löst sich von Begierde und Nachdenken; stattdessen findet er Gleichmut und Wachsamkeit.

Als Reisender begegnet man dem Buddhismus überall in Thailand: In Tempeln, Gärten und am kleinen Altar in der Restaurantecke. Und natürlich auch in jedem Basrelief und jedem Tempelgemälde im Land. Für Thailands Kunst war und ist der Buddhismus die alles bestimmende Inspirationsquelle. Das Schaffen dieser Kunstwerke: Auch das ist ein weiterer wichtiger Schritt auf dem Weg ins Nirwana. Ein Ausdruck der Frömmigkeit des Künstlers, der mit seinem Werk Buddha preist.

Oben:
So groß ist der Erleuchtete, und so klein seine Schüler: Mönch an den Füßen der Buddhastatue in Bangkoks Wat Indraviharn.

Ganz oben:
Ort der Stille: Buddha im Wat Tham Suea bei Krabi.

Oben:
Lagerfeuer am Hat Rin, dem berühmtesten Strand von Ko Pha Ngan. Der ist übrigens nicht immer so ein idyllischer Platz – zu den weltweit bekannten Full Moon Partys kommen mittlerweile bis zu 8000 tanzwütige Besucher. Plus international renommierte DJs, Drogendealer aus ganz Asien und Undercover-Agenten aus Israel und den USA.

Rechts:
Das ist die Stunde der Farben, des Zur-Ruhe-Kommens und der Besinnung – aber leider auch die der Moskitos: Sonnenuntergang am Hat Rin Nai auf Ko Pha Ngan.

Links:
Land der Scherenschnitte: Abendstimmung am Hat Rin Nai auf Ko Pha Ngan.

Unten:
Nachher gehts dann los: Fischerboote warten am Big Buddha Beach auf Ko Samui auf Kapitäne und Besatzung.

Oben:
Ko Taos Strände werden von großen Felsbrocken markiert. Die Nachbarinsel von Ko Samui ist vor allem unter Tauchern ein beliebtes Ziel.

Rechts:
Ko Samuis Nachbarinsel Ko Pha Ngan ist kleiner, stiller und – noch – leerer als die große Schwester nebenan. Dort undenkbar, hier noch immer zu finden: langgezogene Buchten ohne sichtbare Hotel-Bebauung.

Oben:
Thailändische Farbpalette: Blau der Himmel, türkis das Wasser, goldgelb der Strand. Und weiß die gekräuselten Wellen.

Links:
Hunderte kleine und kleinste Inseln bilden eine faszinierende Welt im Ao-Phang-Nga-National-Maritime-Park.

Seite 152/153:
Der Ang-Thong-Nationalpark, ein 40-Insel-Archipel im Meer bei Ko Samui, ist ein Wunderland an grünen Eilanden, blauen Lagunen, Stränden und Höhlen. „The Beach", der legendäre Strand aus dem gleichnamigen Buch und Film, lag hier.

REGISTER

Mae Sai
Fang
Chiang Rai
Salween
Mekong
Loi Lan
2.163 m
Huai Nam Dang NP
Si Lanna NP
Wiang Pa Pao
Thoeng
Chiang Kham
LAOS
VIETNAM
Mae Hong Son
Chiang Dao
Doi Luang NP
Nam Tok Mae Surin NP
Khun Chae NP
Phayao
Tha Wang Pha
YANMAR
Doi Suthep Pui NP
Chae Son NP
Chiang Mai
Ngao
Nan
Tanen-Gebirge
Doi Inthanon NP
Mae Yom NP
Wiang Sa
Lamphun
Ob Luang NP
Rong Kwang
Salawin NP
Hot
Lampang
Mae Sariang
Ko Kha
Wiang Ko Sai NP
Den Chai
Vientiane
Mae Ping-See
Yom
Nong Khai
Kham Ta Kla
Thoen
Uttaradit
Nam Pat
Loei
Udon Thani
Nakhon Phanom
Mae Ping NP
Si Satchanalai Hist. Park
Nam Tok Chat trakan NP
Sawankhalok
Dan Sai
Ban Chiang
Sakon Nakhon
Nong Bua Lamphu
Phu Phan NP
Salween
Sukhotai Hist. Park
Sukhothai
Nakhon Thai
Phu Hin Rongkla NP
Phu Khlao Phu Pan Kham NP
Wang Sam Mo
Huai Hat NP
Yangon
Taksin Maharat NP
Tak
Phu Miang
1.819 m
Korat-Plateau
Phitsanulok
Lom Sak
Phu Pha Man NP
Lan Sang NP
Mae Sot
Maulamyaing
Thung Salaeng Luang NP
Nam Nao NP
Phu Wieng NP
Chum Phae
Mukdahan
Kamphaeng Phet
Phichit
Phetchabun
Khon Kaen
Kalasin
Khlong Wang Chao NP
Phu Sa Dokbua NP
Mekong
Khlong Lan NP
Taphan Hin
Kaeng Khlo
Ban Phai
Ping
Buddha Park
Khemmarat
Mae Wong NP
Chum Saeng
Sai Thong NP
Tat Tone NP
Yasothon
Amnat Charoen
Bung Sam Phan
Nakhon Sawan
Chatturat
Pha Taem NP
LAOS
Si Thep Hist. Park
Prathai
Phayakhapun Phiasi
Nong Chang
Uthai Thani
THAILAND
Chi
Kaeng Tana NP
Tak Fa
1.980 m
Chaloem Rattanakosin NP
Phimai Hist. Park
Tha Tum
Ubon Ratchathani
Nakhon Ratchasima (Korat)
Sisaket
Sankha Buri
Tha Luang
Khai Bang Rachan Park
Sing Buri
Buriram
Khao Laem NP
Thong Pha Phum
Lop Buri
Surin
Det Udom
Ang Thong
Phuttahabat
Prakhon Chai
Sirat Tana
Phanom Rung Hist. Park
Suphan Buri
Sara Buri
Sai Yok NP
Nam Tok
Ayutthaya
Khao Yai NP
Thap Lan NP
Phanom-Dang-Raek
Nong Khae
1.351 m
Kanchana Buri
Muang Singh Hist. Park
Pathum Thani
Prachin Buri
Pang Sida NP
Brücke am Kwai
Nakhon Pathom
Bangkok
Sa Kaeo
Aranyaprathet
Thon Buri
Chachoengsao
Ratcha Buri
Muang Boran
Samut Prakan
Samut
A
Kao Yai
1.050 m
Songkhram
Chon Buri
n
Phet Buri
Phra Nakhon Kiri Hist. Park
Si Racha
KAMBODSCHA
d
Khao Sai
1.633 m
Pong Nam Ron
Cha Am
Pattaya
Kaeng Krachan NP
Rayong
Klaeng
a
Sattahip
Chanthaburi
Hua Hin
Ko Samet NP
Ko Samet
Khlung
Pran Buri
Trat
Mekong
m
Khao Sam Roi Yot NP
Ko Chang
Prachuap Khiri Khan
Mu Ko Chang NP
G
Ko Mak
Ban Hat Lek
Ban Huai Yang
o
Huai Yang NP
Phnom Penh
a
Hat Wanakon NP
Ko Kut
l
Bang Saphan
n
f
Isthmus von Kra
Ho-Chi-Minh
Chumphon
e
v
Ban Sawi
VIETNAM
Khlong Phrao NP
Ko Tao
o
Ranong
Lang Suan
n
Mu Koh Angthong NP
Ko Phangan
Kapoe
Na Thon
Laem Son NP
Chaiya
Ko Samui
n
Khao Sok NP
Khuraburi
Don Sak
T
Ko Ra
Surat Thani
Sri Phang-Nga NP
Sichon
h
Takua Pa
Tai Rom Yen NP
Ko Similan NP
s
Ban Na San
a
Ko Similan
Khao Luang NP
Thai Muang
Phangnga
Khao Luang
1.835 m
Nakhon Si Thammarat
i
Hat Thai Muang NP
Ao Phang-Nga NP
e
Ban Khok Kloi
Thung Song
l
Sirinat NP
Krabi
Hua Sai
Ko Phuket
a
Phuket
Trang
Phatthalung
n
e
Ko Lanta
Ko Lanta Marine NP
Kantang
d
Hat Chao Mai NP
Songkhla
Hat Yai
Mu Ko Phetra NP
Pattani
Ko Tarutao
Khao Nam Khang NP
Satun
Yala
Ko Adang
Sadao
Narathiwat
Mu Ko Tarutao NP
Thale Ban NP
Sungai Kolok
Kota Bharu
Betong
MALAYSIA

IMPRESSUM

Buchgestaltung
SILBERWALD
Agentur für visuelle Kommunikation, Würzburg
www.silberwald.biz

Karte
Fischer Kartografie, Aichach

Printed in Germany
Repro: Artilitho snc, Lavis -Trento, Italien – www.artilitho.com
Druck/Verarbeitung: Offizin Andersen Nexö, Leipzig

ISBN 978-3-8003-4406-2

Unser gesamtes Programm finden Sie unter:
www.verlagshaus.com

Bis dann, in Thailand: Grundschüler in Nan beim Morgenappell.